4 ベースⅢ型ユニット
page 50〜71

- ひし形パッチ／Ⅲ型‥‥52
- ひし形パッチ12枚組／Ⅲ型‥‥53
- ひし形パッチ30枚組／Ⅲ型‥‥54
- つつみどめ小、大／Ⅲ型‥‥55
- 中寄せ／Ⅲ型‥‥58
- カール・1／Ⅲ型‥‥60
- カール・2／Ⅲ型‥‥62
    - フェースBと無地‥‥64
- 中リボン／Ⅲ型‥‥65
    - フェースBと無地‥‥67
- カーブ／Ⅲ型‥‥68
- バタフライ／Ⅲ型‥‥70

5 ベースⅡ型、Ⅲ型ユニット
page 72〜98

- 流れ四角／Ⅱ型‥‥74
- 流れ四角／Ⅲ型‥‥76
- うきポケット三角／Ⅱ型‥‥78
    - フェースの模様変わり1,2‥‥80
- うきポケット三角／Ⅲ型‥‥82
    - フェースの模様変わり1,2‥‥83
- 流れ違いどめ／Ⅱ型‥‥84
    - フェースの模様変わり1‥‥86
    - フェースの模様変わり2‥‥87
- 流れ違いどめ／Ⅲ型‥‥88
    - フェースの模様変わり1‥‥90
    - フェースの模様変わり2‥‥91
- コーナーポケット／Ⅱ型‥‥92
    - フェースの模様変わり1‥‥94
    - フェースの模様変わり2‥‥95
- コーナーポケット／Ⅲ型‥‥96
    - フェースの模様変わり1,2‥‥98

この本に関するご質問は、お電話またはWebで
書名／多面体おりがみで作る　花まり
本のコード／NV70339
担当／森岡
Tel：03-5261-5083（平日13：00〜17：00受付）
Webサイト「日本ヴォーグ社の本」http://book.nihonvogue.co.jp/
※サイト内〈お問い合わせ〉からお入りください。（終日受付）
（注）Webでのお問い合わせはパソコン専用となります。

1 めんこユニット

伝承の「めんこ」からヒントを得たユニットです。
長方形2枚でひとつのユニットを作ります。
いろいろな組み方ができ、本書にある他のユニットの組み方の基本になります。

めんこ30枚組／12ページ

めんこ14枚組／15ページ

めんこ9枚組／16ページ

めんこ6枚組／8ページ

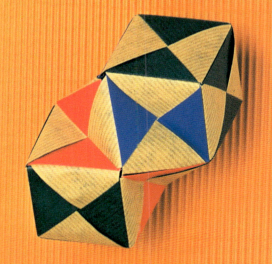

めんこ12枚組／16ページ

めんこ24枚組／17ページ

めんこ12枚組／10ページ

めんこ14枚組／15ページ

めんこ6枚組 12cm×6cm

伝承の「めんこ」からヒントを得たユニットです。
ベースとフェースの2種類を組み合わせて一つのユニットにします。

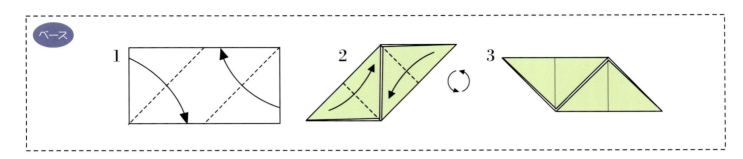

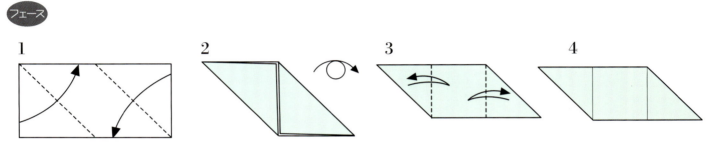

● 「ベース」と「フェース」を組み合わせる

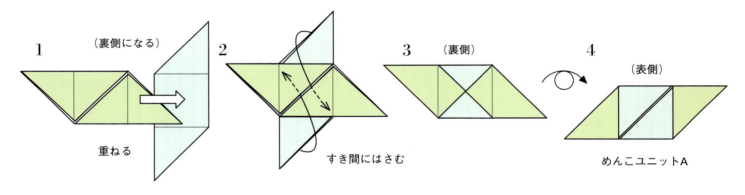

[組み方]

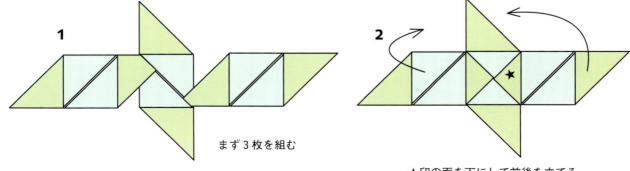

3

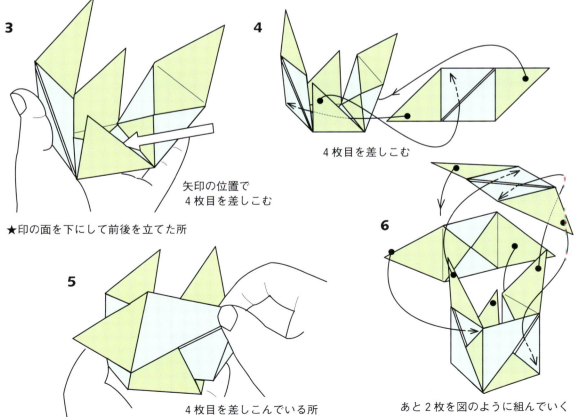

矢印の位置で
4枚目を差しこむ

★印の面を下にして前後を立てた所

4

4枚目を差しこむ

5

4枚目を差しこんでいる所

6

あと2枚を図のように組んでいく

めんこ12枚組 12cm×6cm

今度は12枚組です。

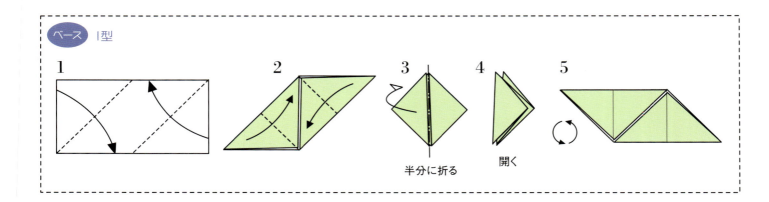

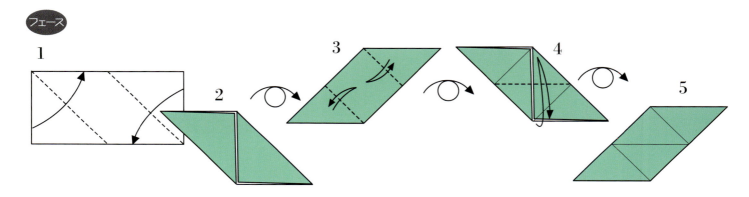

● 「ベース」と「フェース」を組み合わせる

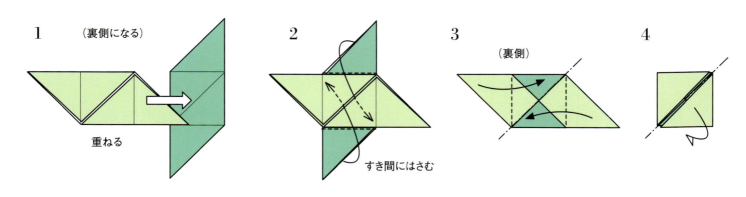

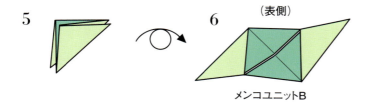

[組み方]

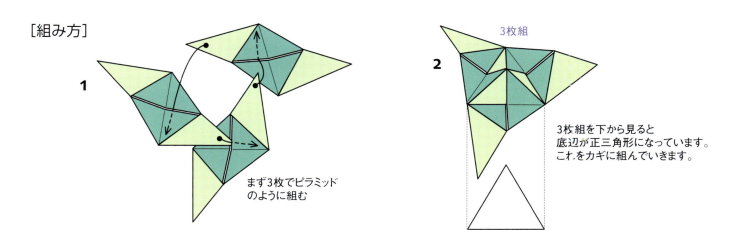

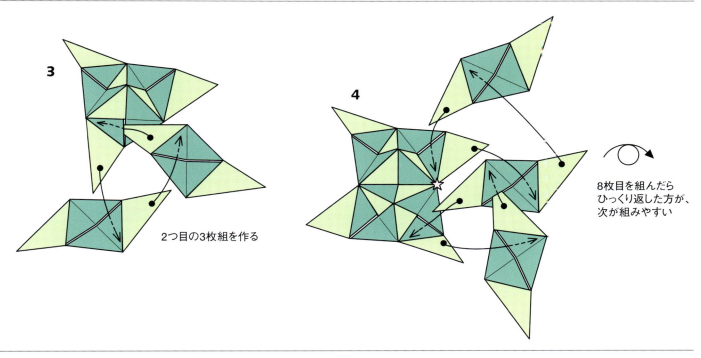

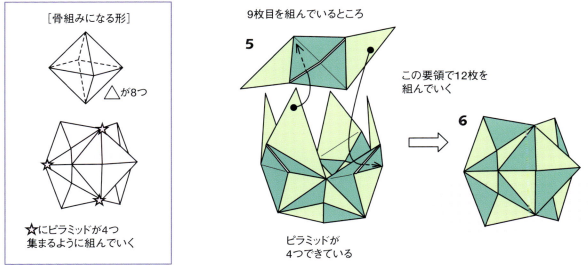

めんこ30枚組 12cm×6cm

今度は30枚組です。
3枚組が5つ集るように組んでいきます。

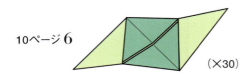

10ページ **6** （×30）

[組み方]

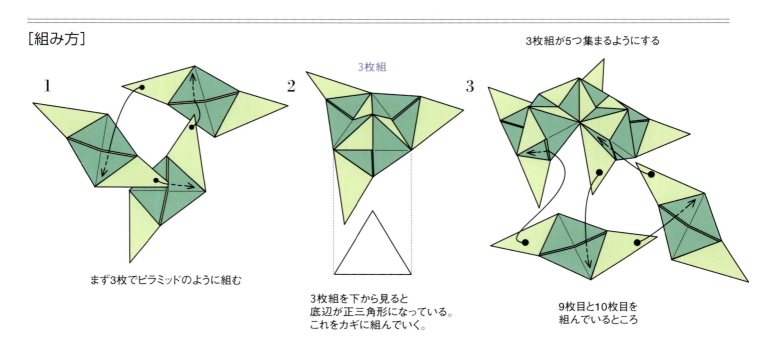

1 まず3枚でピラミッドのように組む

2 3枚組を下から見ると底辺が正三角形になっている。これをカギに組んでいく。

3枚組

3 3枚組が5つ集まるようにする
9枚目と10枚目を組んでいるところ

4 10枚を組んだところ
☆印を中心にピラミッドが5つできている
10枚組んだらひっくり返した方が、次が組みやすい

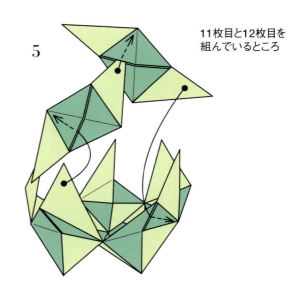

5 11枚目と12枚目を組んでいるところ

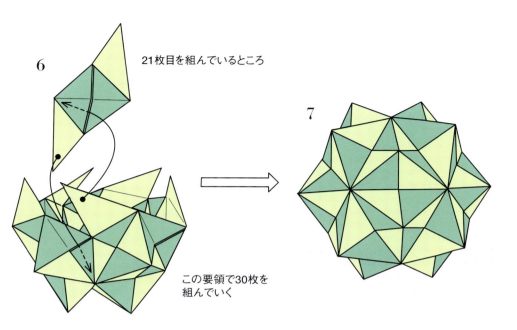

6 　21枚目を組んでいるところ

この要領で30枚を組んでいく

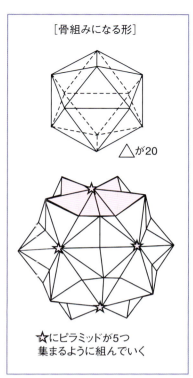

[骨組みになる形]

△が20

☆にピラミッドが5つ集まるように組んでいく

30枚組　　　12枚組

いろいろな組み方

めんこユニットAとBは8～13ページで説明しました。
他にC～Gのような折り線をつけて、単独や混合して、いろいろな形に組みます。

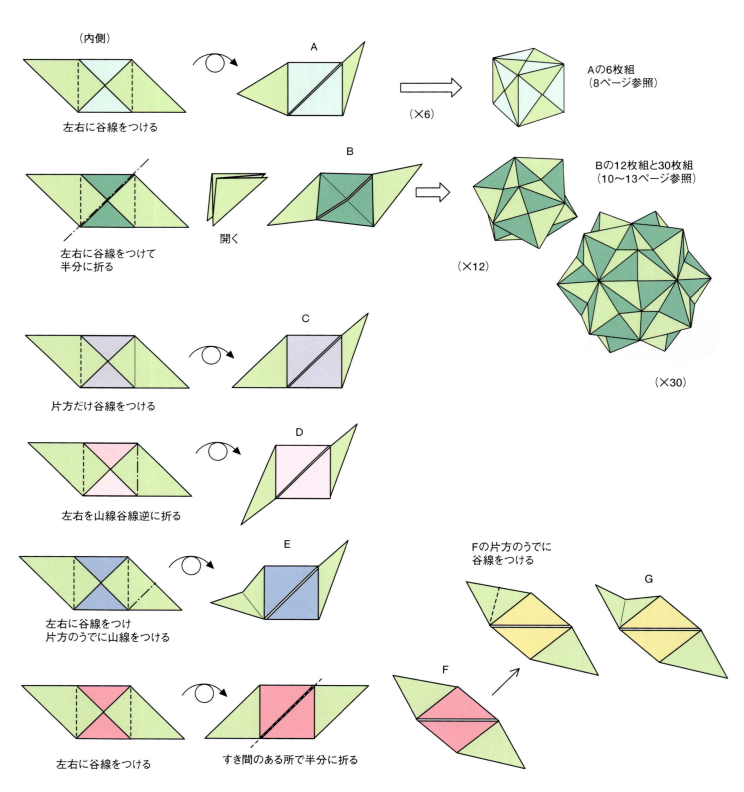

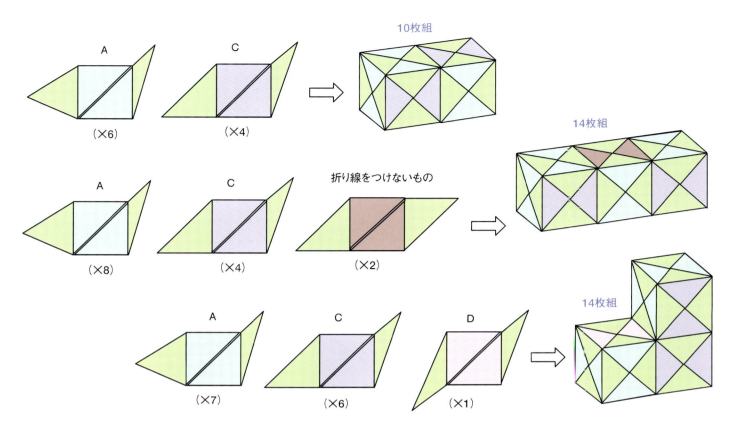

いろいろな組み方

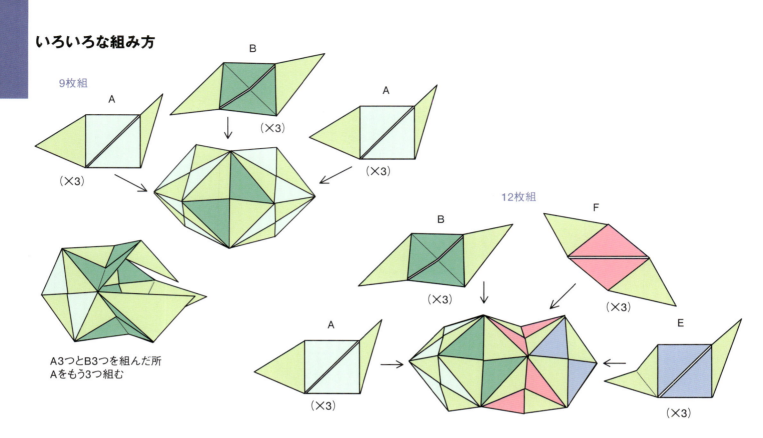

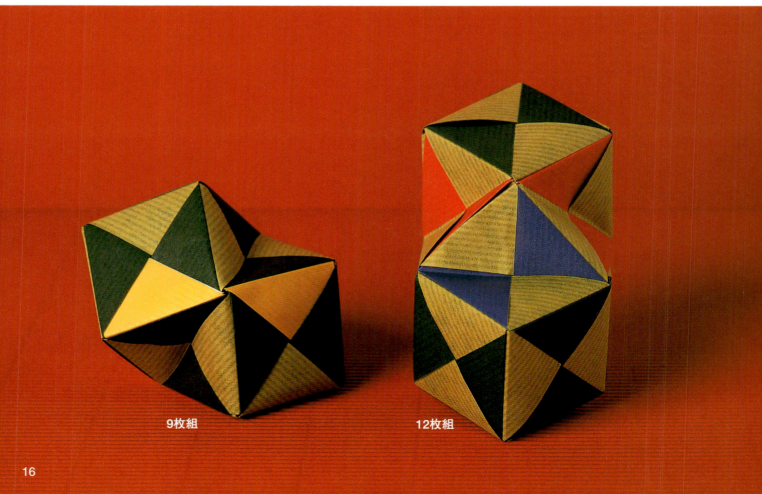

9枚組　　　12枚組

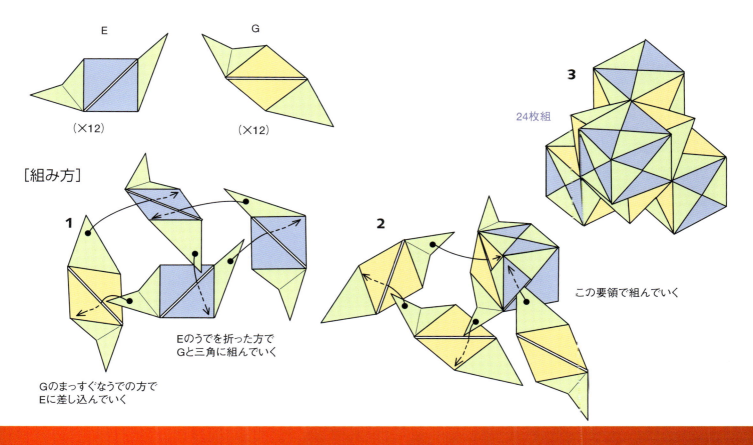

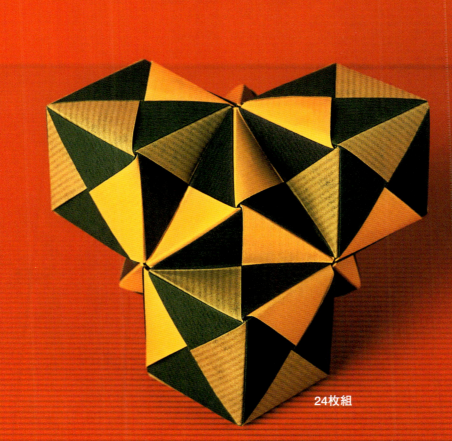

2 ベースI型ユニット

ベースはみな同じI型です。
それに組み合わせるフェースをいろいろに違えてあります。

リボン／I型／28ページ

色わけ／I型／26ページ

切り出しB／I型／25ページ

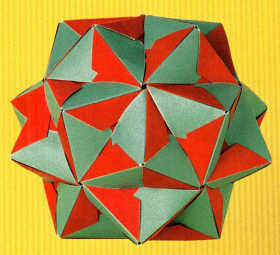
切り出しA／I型／23ページ

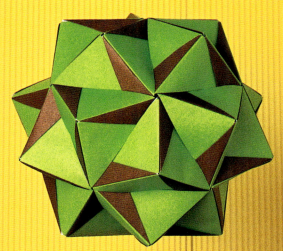
くさびA／I型／20ページ

くさびA,B／I型
フェースBの模様変わり／22ページ

くさびB／I型／21ページ

くさびA,B／I型　12cm×6cm

フェースの2で内側に折り込むので、面にもようが出ます。
この折り幅のちがいでA,Bができます。

ベース　I型

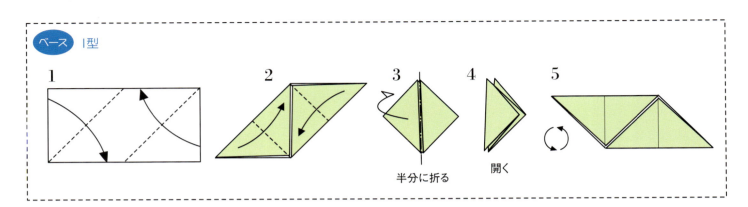

フェース　A

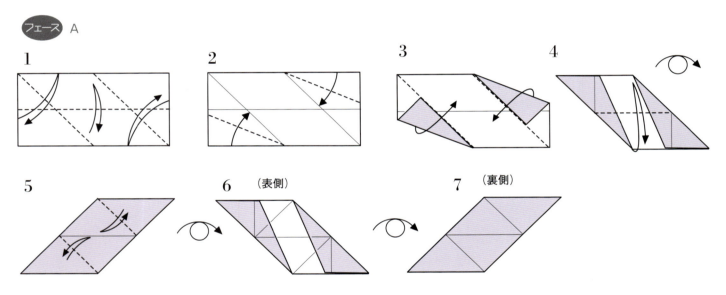

●「ベース」と「フェース」を組み合わせる

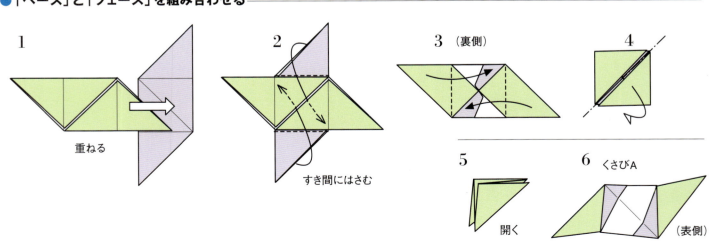

[組み方]

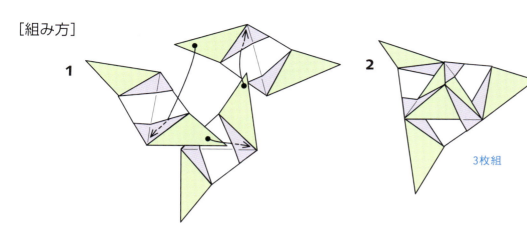

1

2

3枚組

6枚組(8ページ)、
12枚組(10ページ)
30枚組(12ページ)、
などができます。

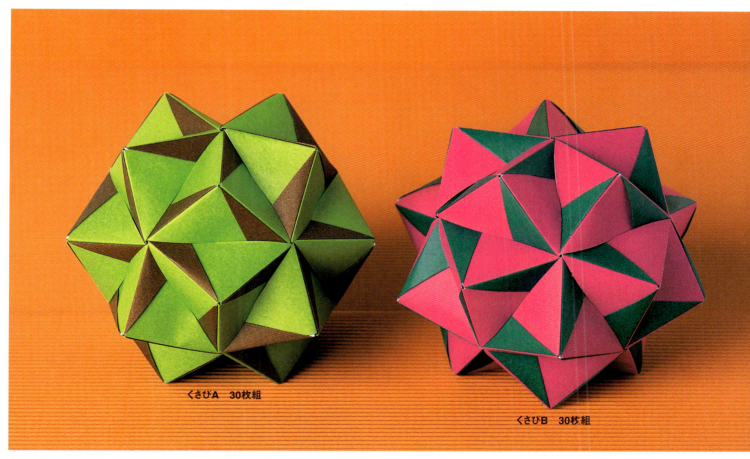

くさびA　30枚組

くさびB　30枚組

フェース B

Aの**1**から

2　　　3　　　4

以下Aの**5**からと同じ

組み方はAと同じ

くさびB

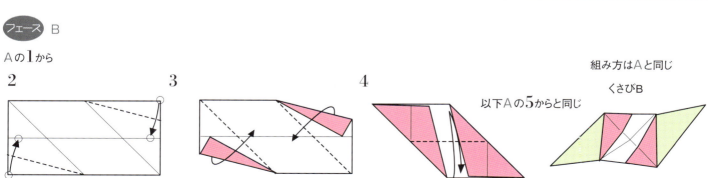

21

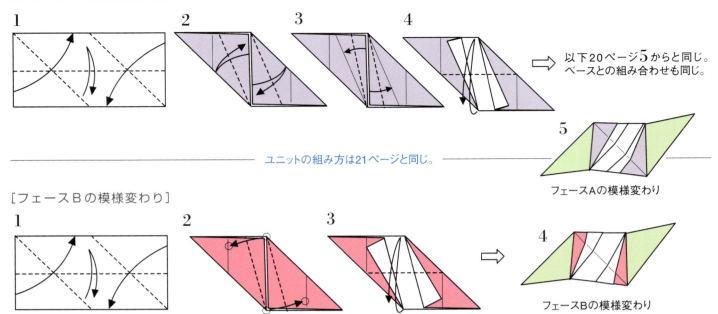

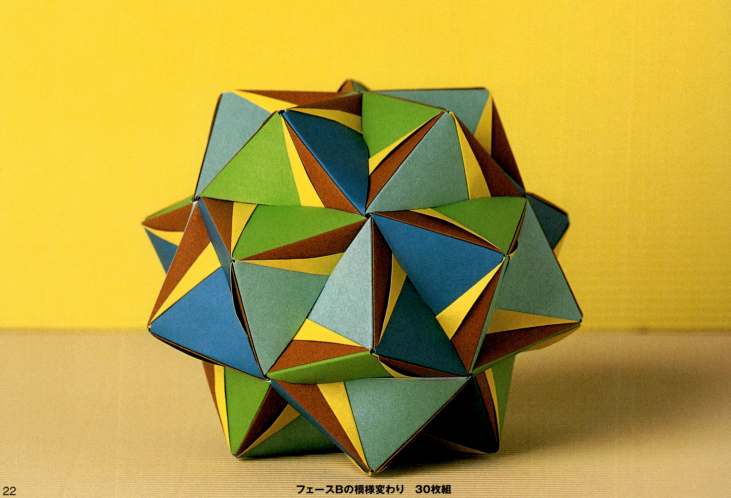

フェースBの模様変わり　30枚組

切り出しA,B／I型 12cm×6cm

これもちょっとした折ち方のちがいで
A,B2つのフェースができます。

ベース I型

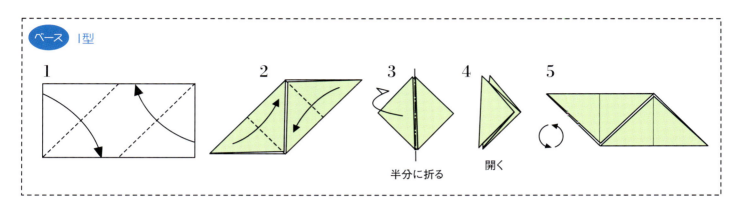

フェース A

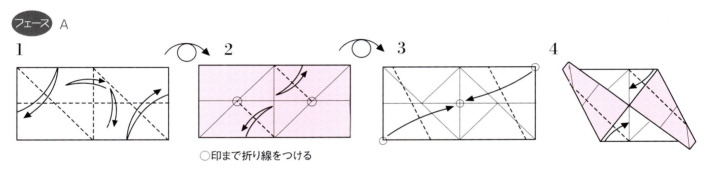

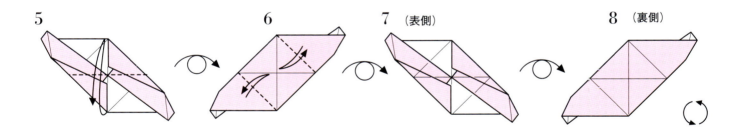

● 「ベース」と「フェース」を組み合わせる

次のページへつづく→

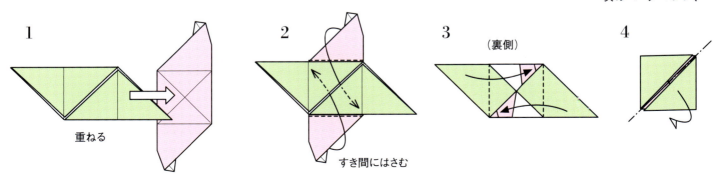

23

切り出しA,B／I型　　　　　　　　　　　　　　　　［組み方］

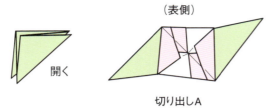

切り出しA

1

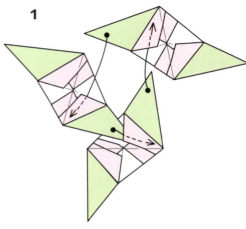

2

3枚組

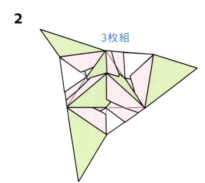

12枚組

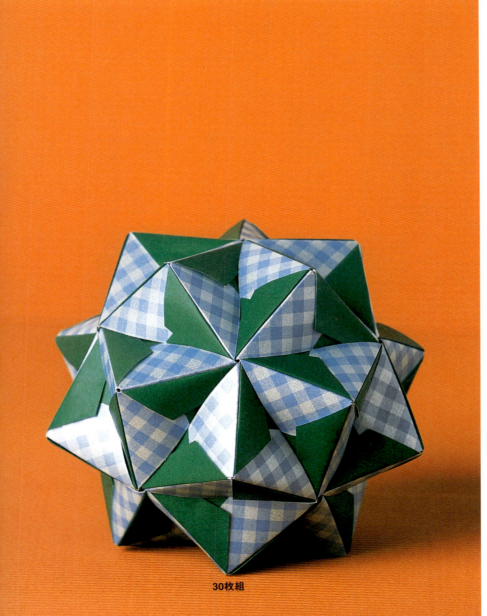

30枚組

6枚組（8ページ）、12枚組（10ページ）、30枚組（12ページ）、などができます。

B

23ページ4から

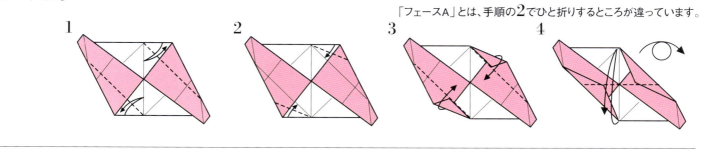

「フェースA」とは、手順の2でひと折りするところが違っています。

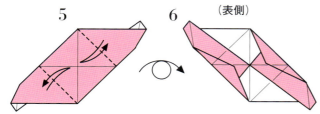

（表側）

ベースとの組み合わせや全体の組み方は
「フェースA」（23ページ）と同じ

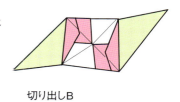

切り出しB

6枚組

30枚組

色わけ／I型 12cm×6cm

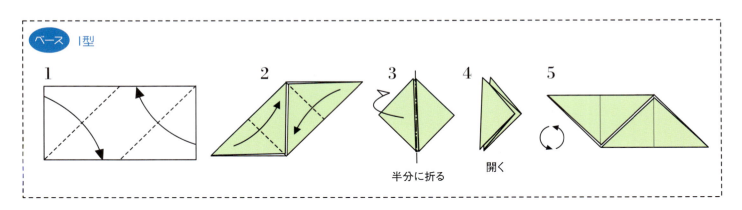

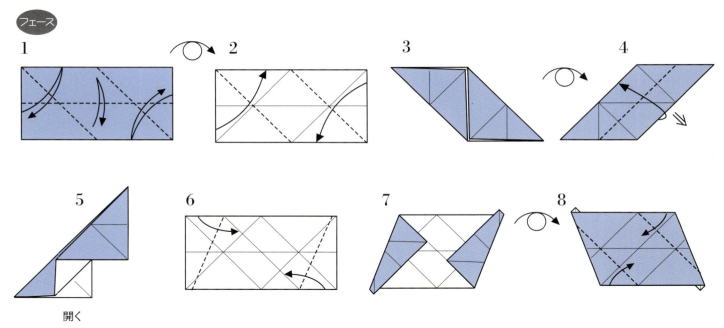

● 「ベース」と「フェース」を組み合わせる

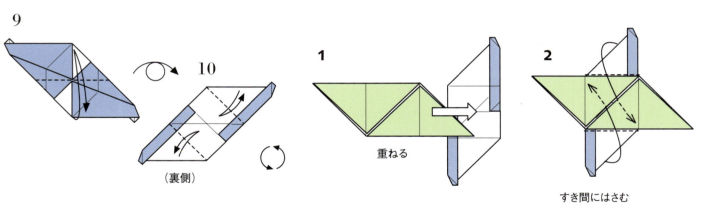

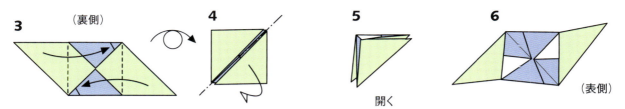

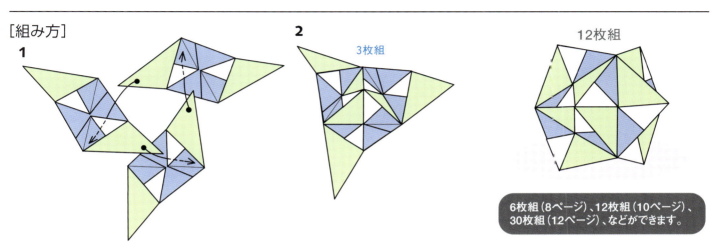

6枚組（8ページ）、12枚組（10ページ）、30枚組（12ページ）、などができます。

30枚組

10枚組

リボン／I型 12cm×6cm

組んでいくと、フェースの紙の裏が小さく三角に出ます。
そこをリボンに見立てました。

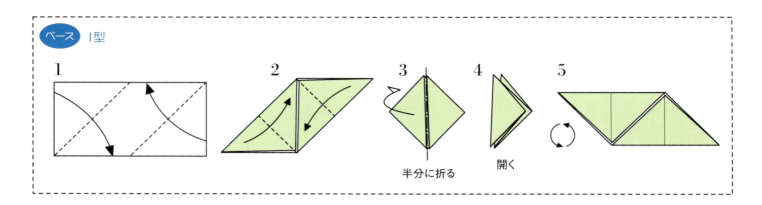

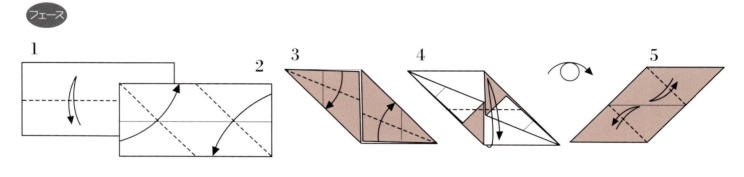

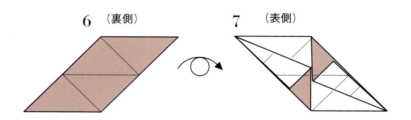

● 「ベース」と「フェース」を組み合わせる

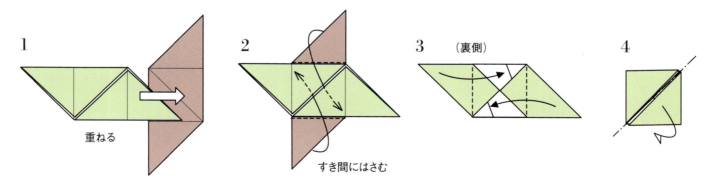

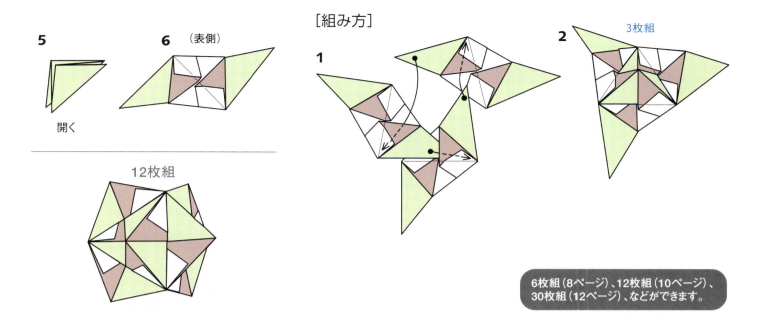

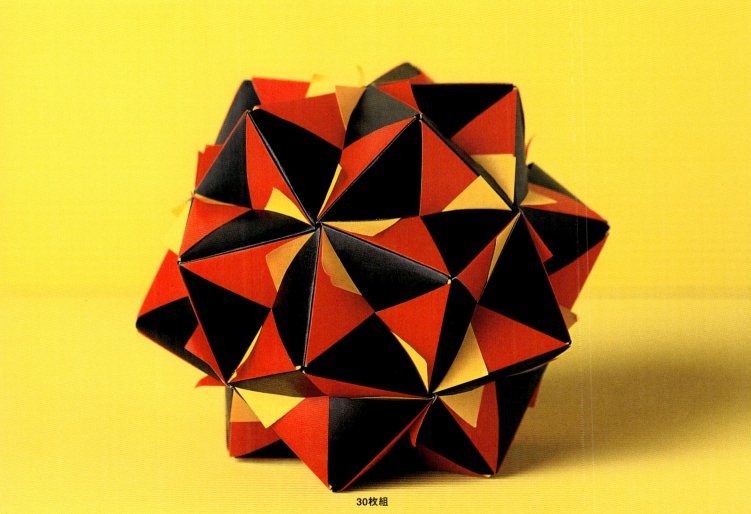

3 ベースⅡ型ユニット

ベースはみな同じⅡ型です。
それに組み合わせるフェースを工夫すると思いがけない形が表れ、
これがユニットおりがみの醍醐味です。

うきポケットひだ／Ⅱ型／36ページ

うきポケットカール／Ⅱ型／38ページ

細たすき／Ⅱ型／46ページ

うきポケットくさび／Ⅱ型／34ページ

菊／Ⅱ型／44ページ

花吹雪／Ⅱ型／42ページ

太たすき／Ⅱ型／48ページ

うきポケット違いどめ／Ⅱ型／32ページ

かぶせリボン／Ⅱ型／40ページ

うきポケット違いどめ／II型 12cm×6cm

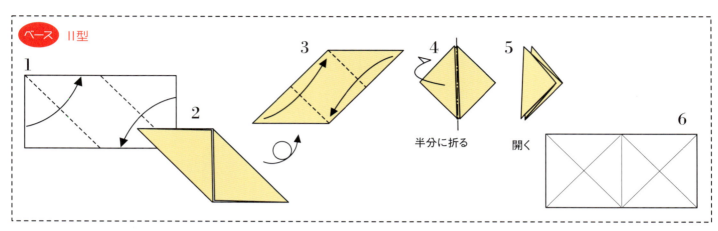

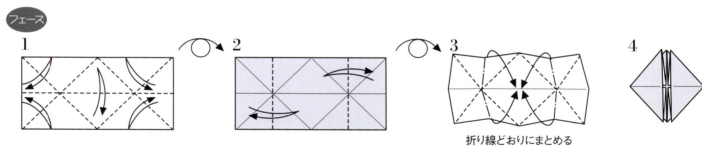

● 「ベースII型」と「フェース」を組み合わせる

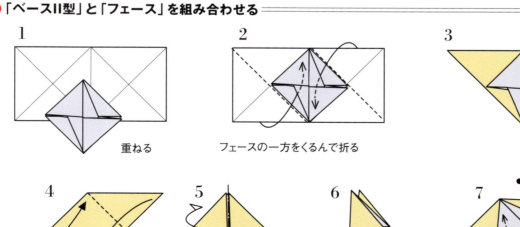

[組み方]

1

2 3枚組

12枚組

ポケットに差し込む

6枚組（8ページ）、12枚組（10ページ）、30枚組（12ページ）、などができます。

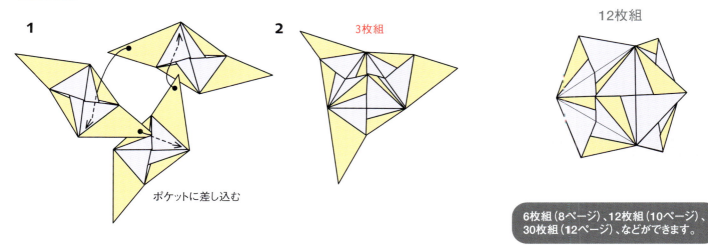

9枚組

30枚組

33

うきポケットくさび／II型 12cm×6cm

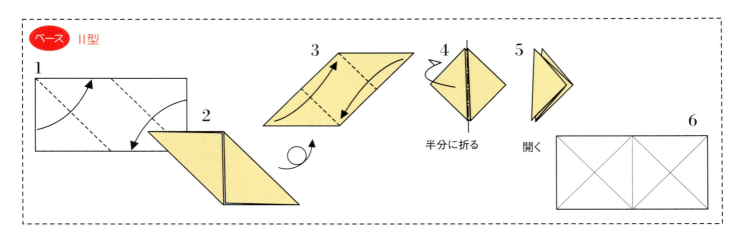

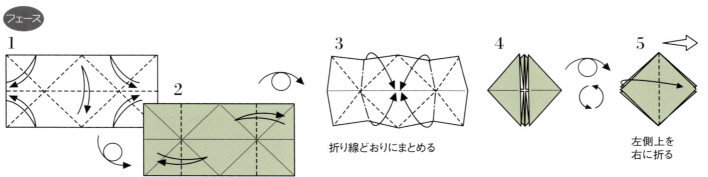

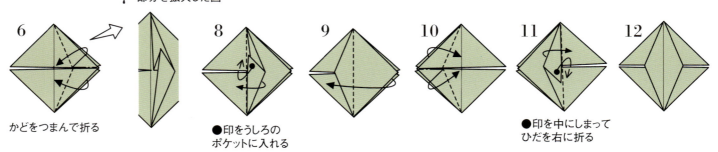

●「ベースII型」と「フェース」を組み合わせる

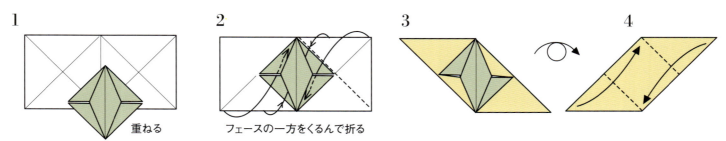

10枚組

30枚組

[組み方]

3枚組

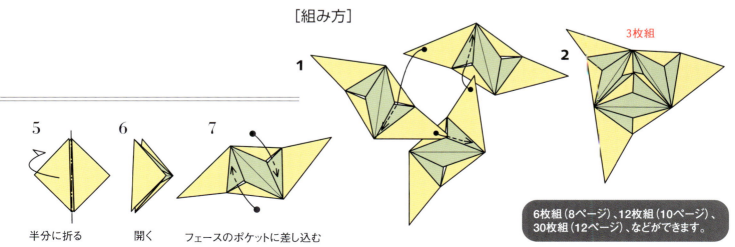

5 半分に折る

6 開く

7 フェースのポケットに差し込む

6枚組（8ページ）、12枚組（10ページ）、30枚組（12ページ）、などができます。

うきポケットひだ／II型 12cm×6cm

ベースでフェースをくるむようにして、ひとつのユニットを作ります。

ベース II型

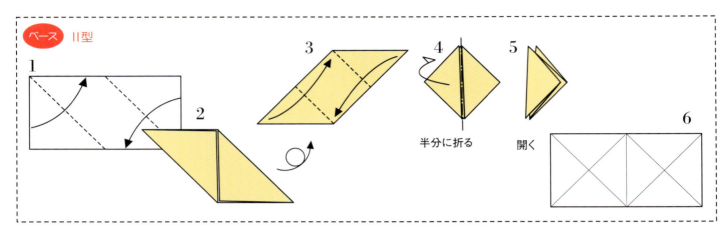

フェース

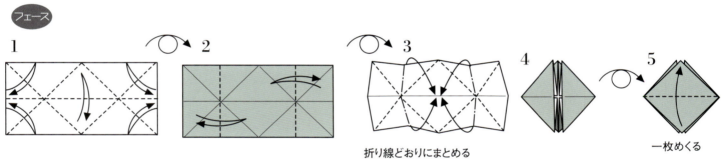

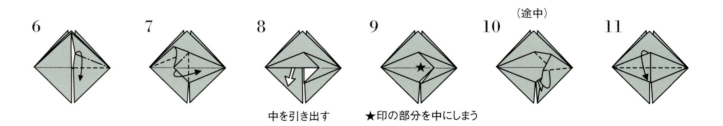

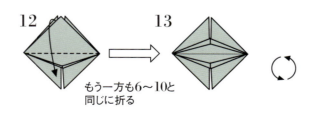

● 「ベースII型」と「フェース」を組み合わせる

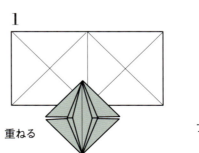

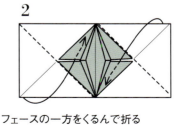

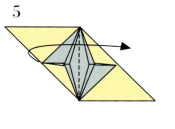
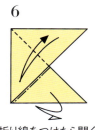

5

6
折り線をつけたら開く

7
フェースのポケットに差し込む

[組み方]

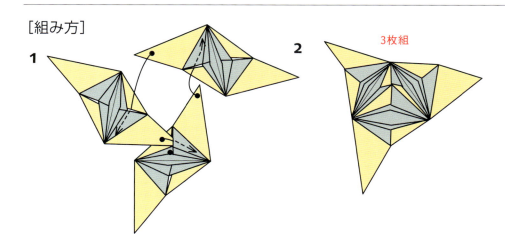

1

2 **3枚組**

6枚組（8ページ）、12枚組（10ページ）、30枚組（12ページ）、などができます。

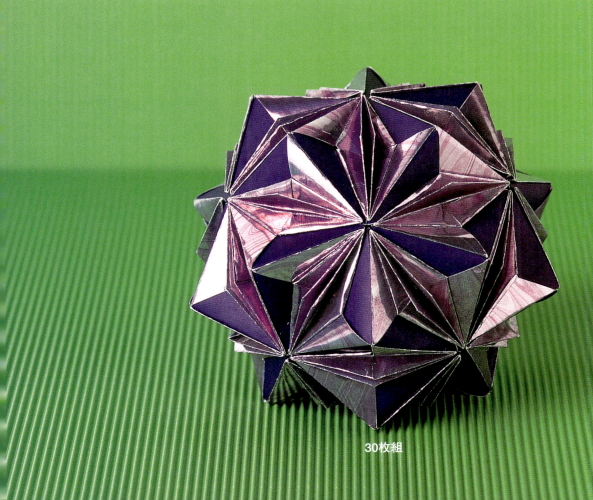

30枚組

うきポケットカール／II型 12cm×6cm

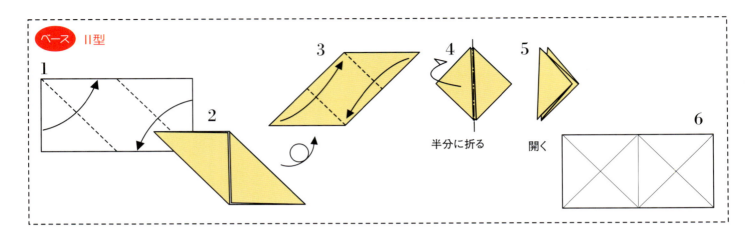

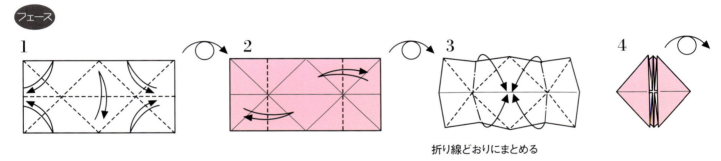

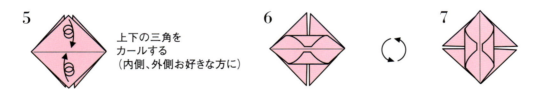

● 「ベースII型」と「フェース」を組み合わせる

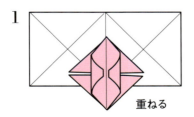
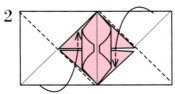
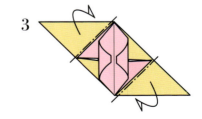

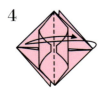
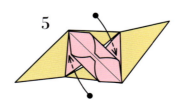

［組み方］

1

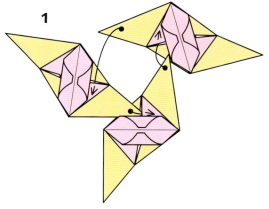

2

3枚組

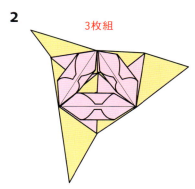

30枚組

6枚組（8ページ）、12枚組（10ページ）、30枚組（12ページ）、などができます。

かぶせリボン／II型 12cm×6cm

ベースのうでのポケットを、フェースの三角にかぶせて組みます。

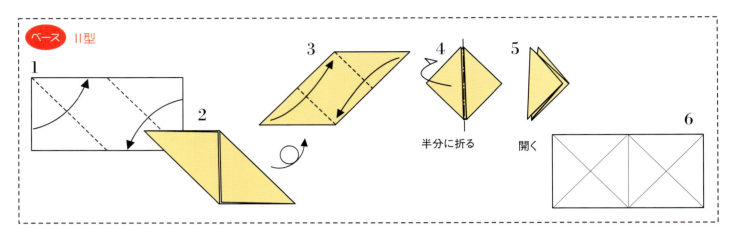

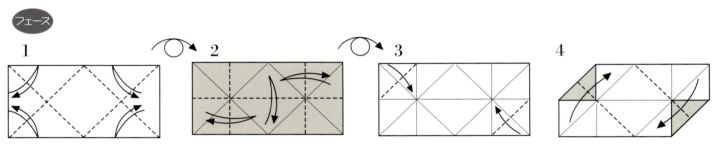

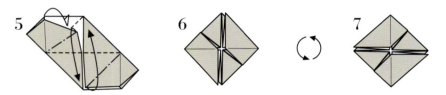

● 「ベースII型」と「フェース」を組み合わせる

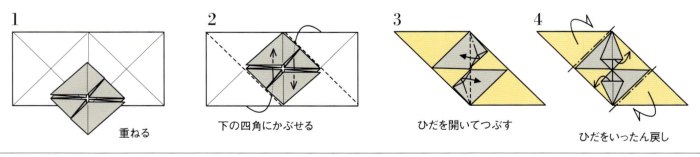

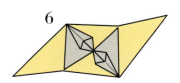

[組み方]

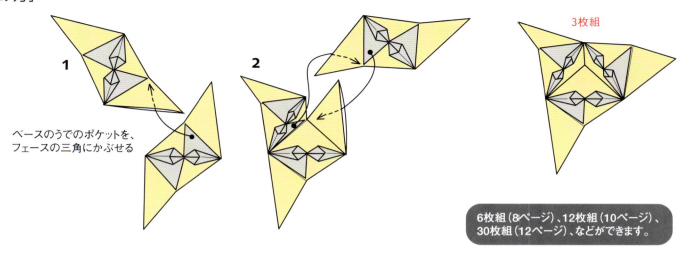

1 ベースのうでのポケットを、フェースの三角にかぶせる

2

3枚組

6枚組（8ページ）、12枚組（10ページ）、30枚組（12ページ）、などができます。

30枚組

6枚組

41

花吹雪／II型 12cm×6cm

フェースのひらひらした部分を花びらに見立てました。

ベース II型

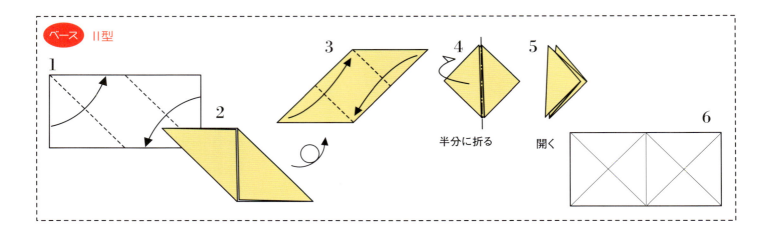

4 半分に折る
5 開く

フェース

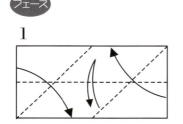
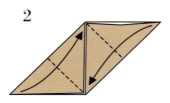
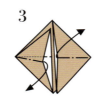

3 ポケットを開いてつぶす

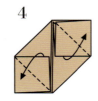
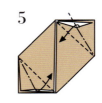

5 ポケットを開いてつぶす

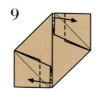

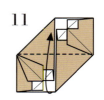

●「ベースII型」と「フェース」を組み合わせる

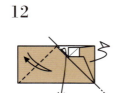
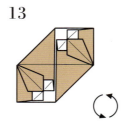
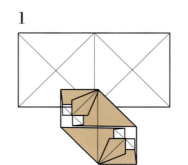
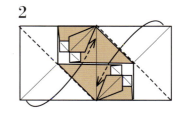

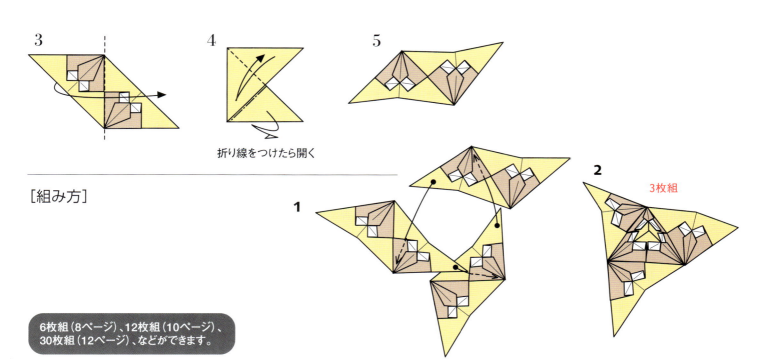

折り線をつけたら開く

[組み方]

3枚組

6枚組(8ページ)、12枚組(10ページ)、30枚組(12ページ)、などができます。

30枚組

43

菊／II型 12cm×6cm

ベース II型

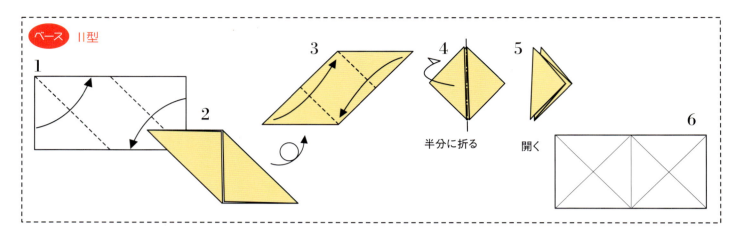

フェース

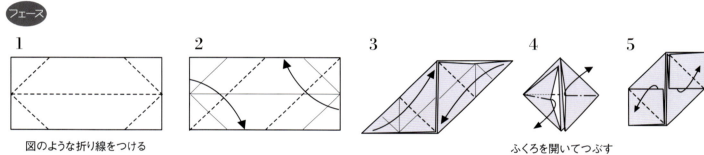

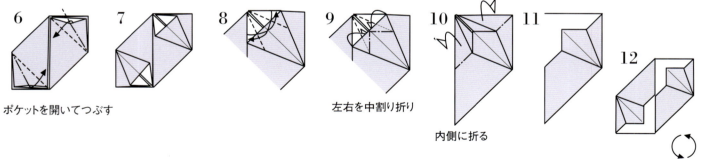

● 「ベースII型」と「フェース」を組み合わせる

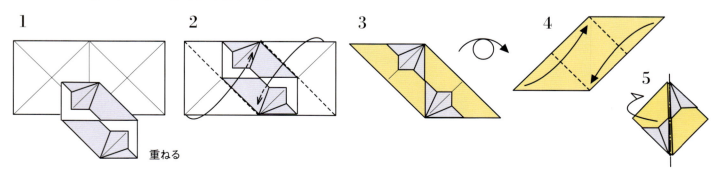

[組み方]

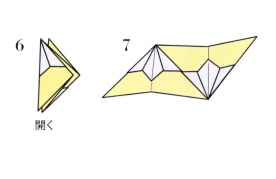

6 開く

6枚組（8ページ）、12枚組（10ページ）、30枚組（12ページ）、などができます。

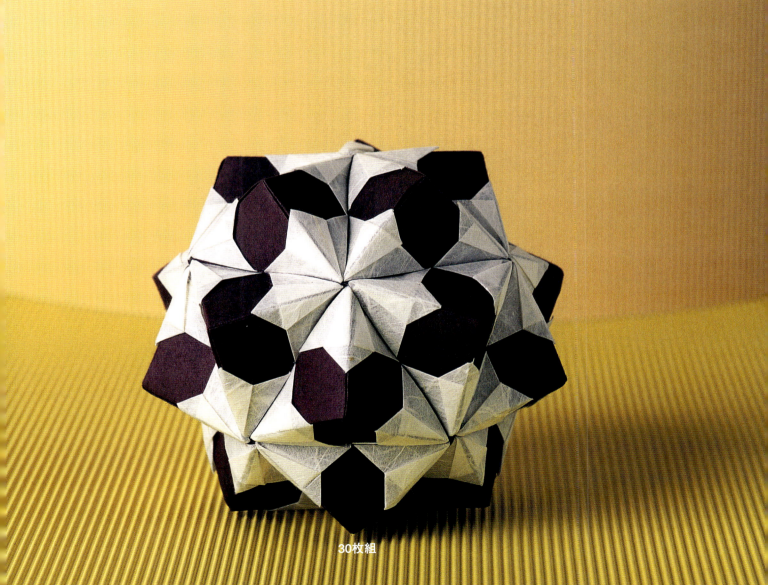

30枚組

細たすき／II型 12cm×6cm

フェースは4分の一の大きさの紙から折ります。

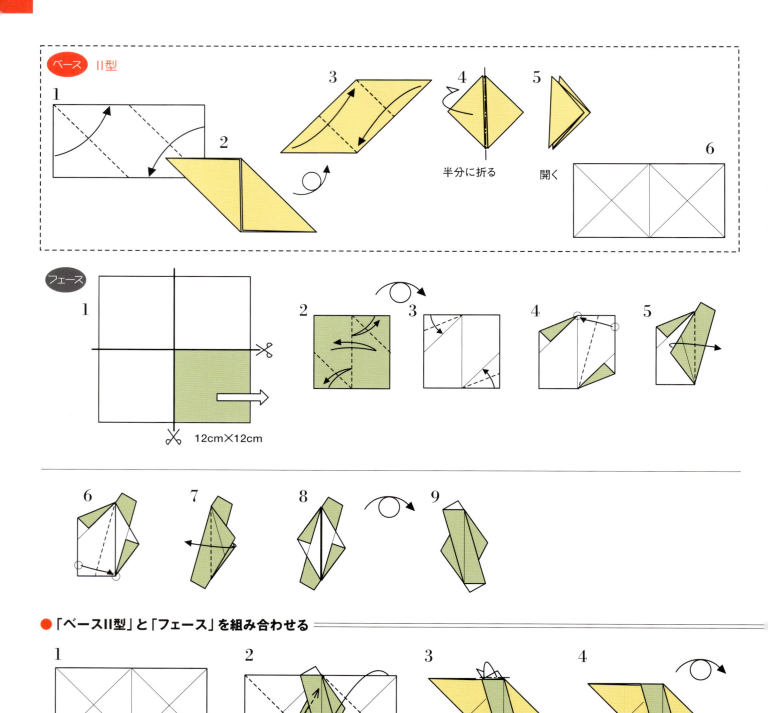

6枚組

30枚組

5　6　7　8

半分に折る　開く

[組み方]

1　2　3枚組　12枚組

6枚組（8ページ）、12枚組（10ページ）、30枚組（12ページ）、などができます。

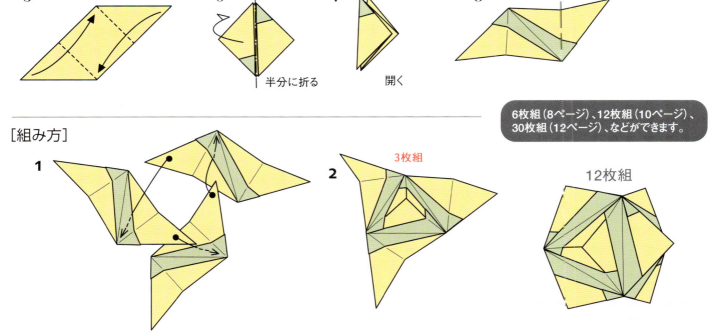

47

太たすき／II型 12cm×6cm
フェースは図の寸法に紙を切ってから折ります。

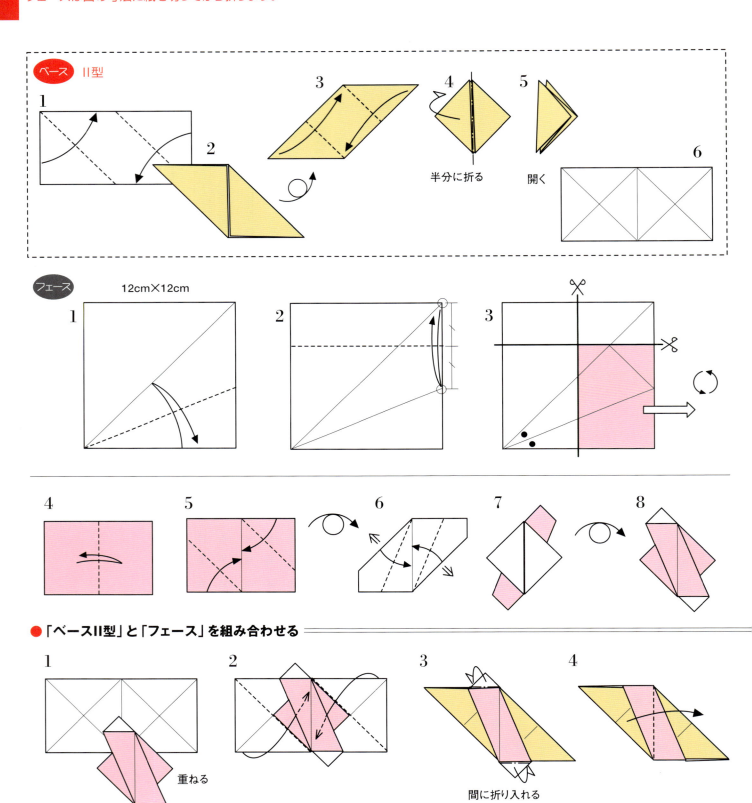

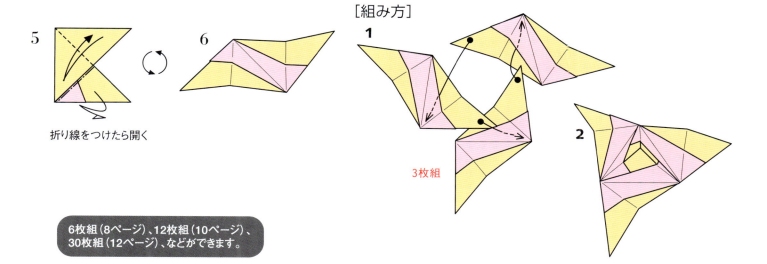

太たすき　30枚組　　細たすき　30枚組

4 ベースIII型ユニット

ベースはみな同じIII型です。
それに組み合わせるフェースに変化を加えてあります。
カールしたりカーブをつけたりすると、いっそう花まりらしい装いになります。

カール・1／III型／60ページ

中寄せ／III型／58ページ

カーブ／III型／68ページ

カール・2／III型／62ページ

ひし形パッチ30枚組／54ページ

つつみどめ小／55ページ

カール・2／Ⅲ型／64ページ

バタフライ／Ⅲ型／70ページ

つつみどめ大／57ページ

中リボン／Ⅲ型Bの無地／67ページ

中リボン／Ⅲ型／65ページ

ひし形パッチ／III型　12cm×6cm

このベースは、うでにひと折りあり、かぎ形にして差しこみます。

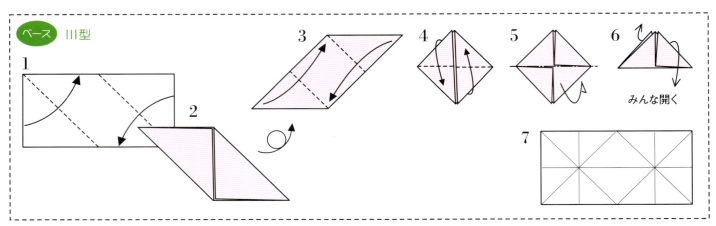

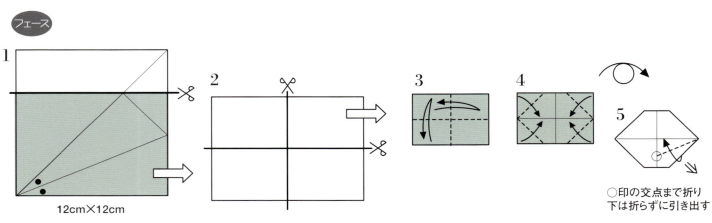

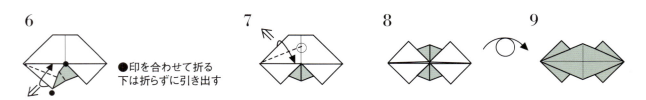

●「ベースIII型」と「フェース」を組み合わせる

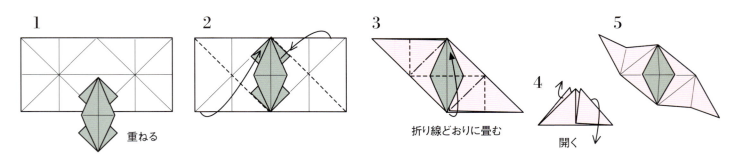

[組み方]

ひし形パッチ12枚組

1 まず3枚で
ピラミッドに組む

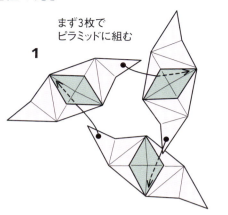

うでをかぎ形にして、ひし形パッチにはさむ。
はさむだけで大丈夫かと思うが案外丈夫になる。

2 3枚組

3枚組を下から見ると底辺が
正三角形になっている。
これをカギに組んでいく。

3

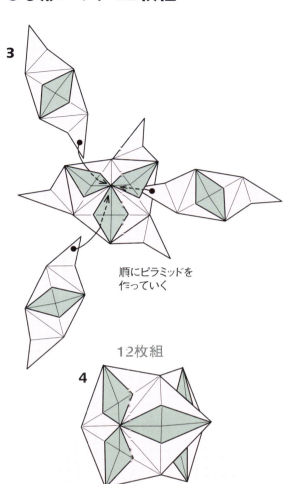

順にピラミッドを
作っていく

4 12枚組

12枚組

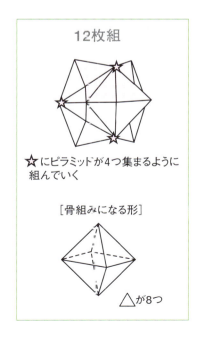

☆にピラミッドが4つ集まるように
組んでいく

[骨組みになる形]

△が8つ

ひし形パッチ30枚組
[組み方]

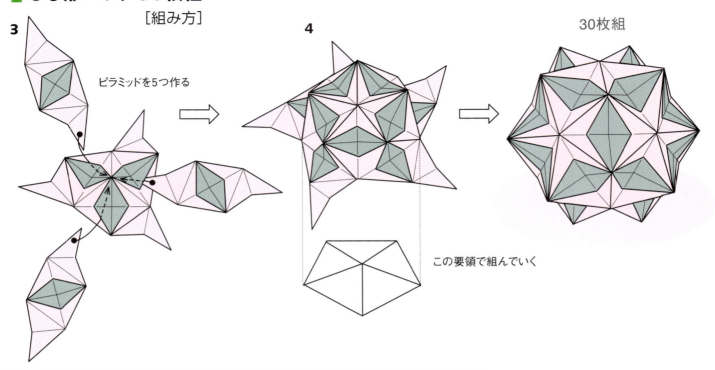

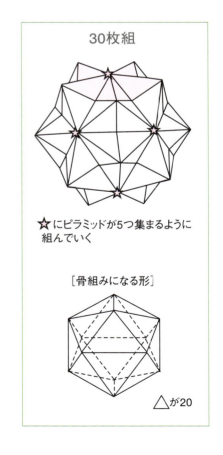

つつみどめ小、つつみどめ大／Ⅲ型 12cm×6cm

フェースは幅の狭いものと広いもの、2つ紹介しました。
フェースのかどで一方のユニットの先を包むように組みます。

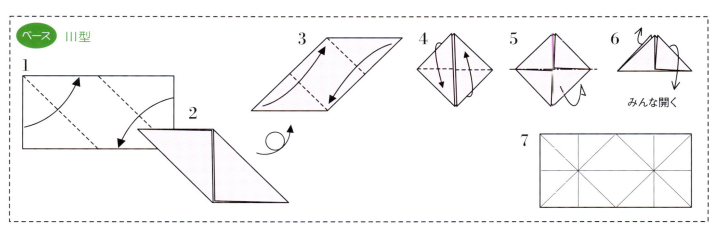

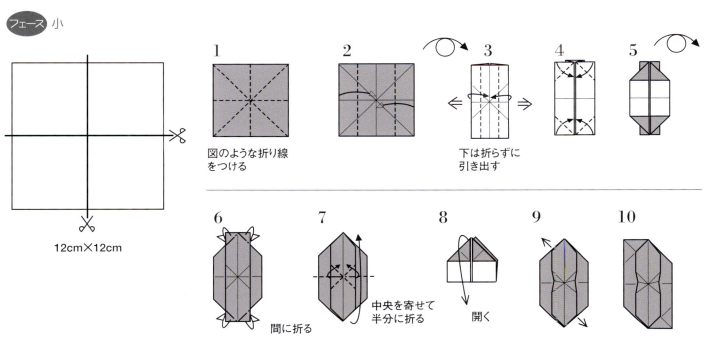

● 「ベースⅢ型」と「フェース」を組み合わせる

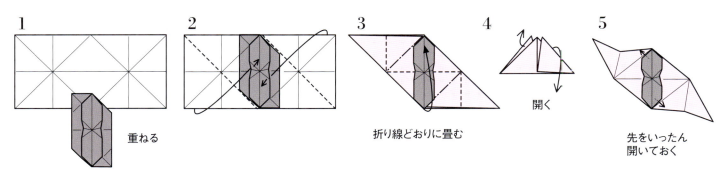

つつみどめ小、つつみどめ大／III型

[組み方]

1

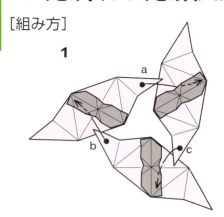

2 3枚組

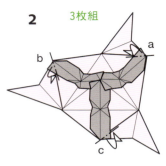

はさんだら、abcの先を
包むようにして内側に折り込む

3

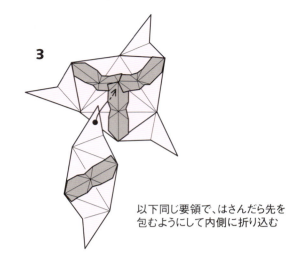

以下同じ要領で、はさんだ先を
包むようにして内側に折り込む

12枚組（53ページ）、30枚組（54ページ）、
などができます。

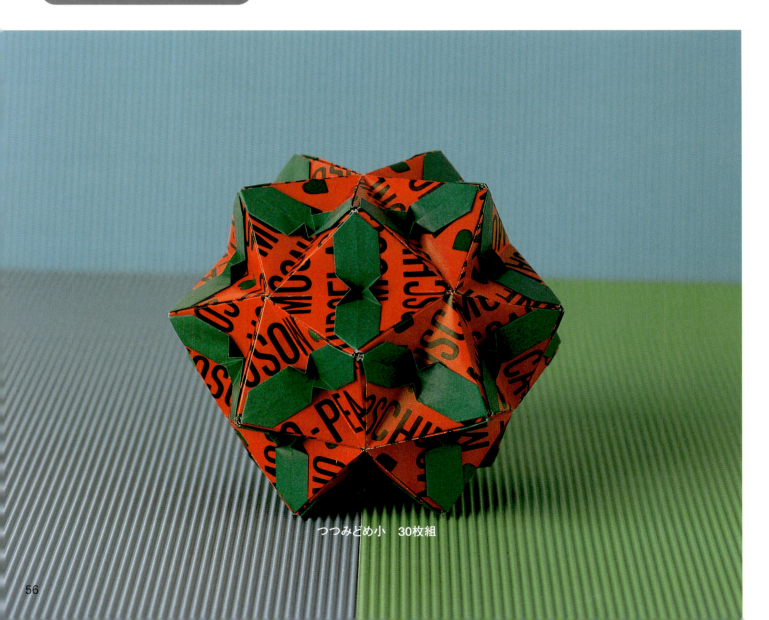

つつみどめ小　30枚組

フェース 大

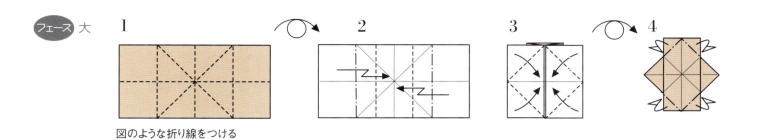

1 図のような折り線をつける

 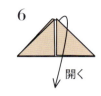 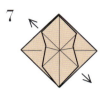

5 中央を寄せて半分に折る
6 開く
7
8

● 「ベースⅢ型」と「フェース」を組み合わせる

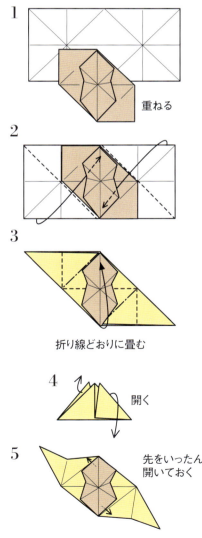

1 重ねる
2
3 折り線どおりに畳む
4 開く
5 先をいったん開いておく
組む要領は「小」と同じ

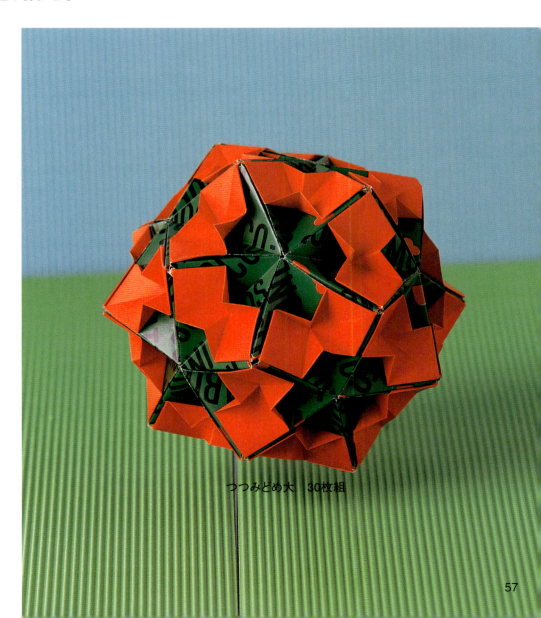

つつみどめ大　30枚組

中寄せ／III型 12cm×6cm

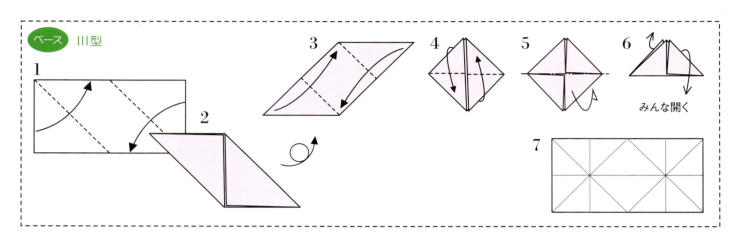

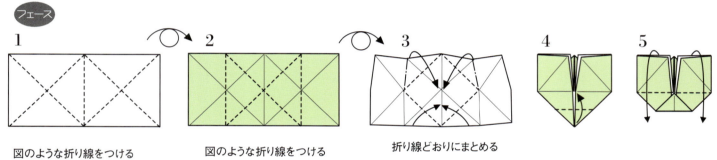

1 図のような折り線をつける 2 図のような折り線をつける 3 折り線どおりにまとめる

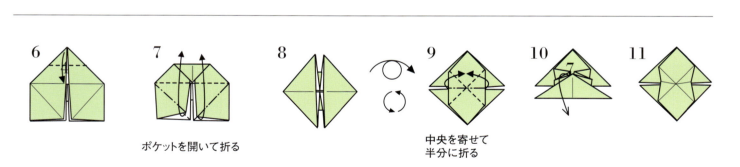

7 ポケットを開いて折る 9 中央を寄せて半分に折る

● 「ベースIII型」と「フェース」を組み合わせる

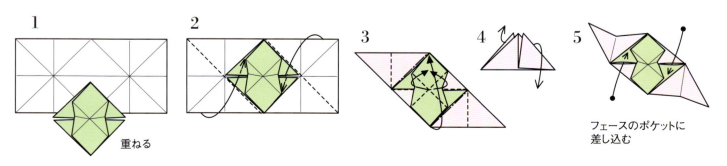

1 重ねる 5 フェースのポケットに差し込む

[組み方]

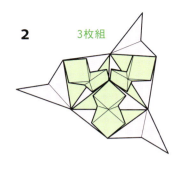

1　　　　**2** 3枚組　　　　12枚組

12枚組（53ページ）、
30枚組（54ページ）、
などができます。

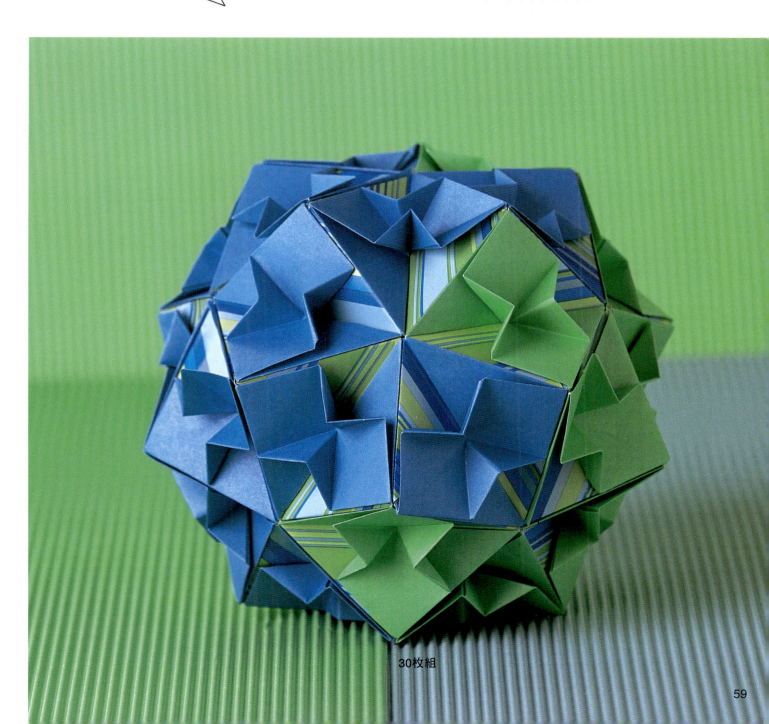

30枚組

カール・1／川型 12cm×6cm

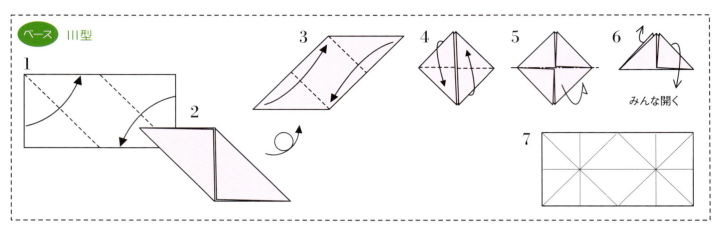

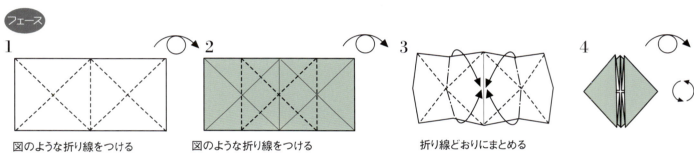

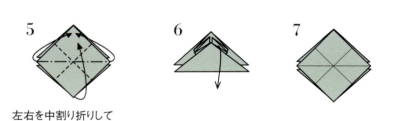

● 「ベース川型」と「フェース」を組み合わせる

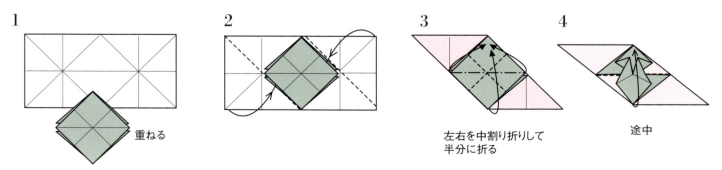

5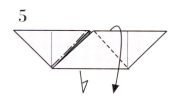
6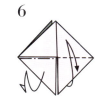
折り線をつけたら開く
7
先をカールする
8
フェースのポケットに差し込む

[組み方]

1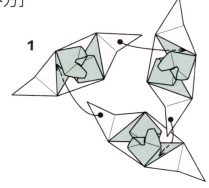

2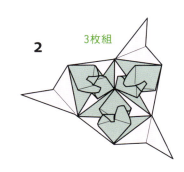
3枚組

12枚組（53ページ）、
30枚組（54ページ）、
などができます。

30枚組

カール・2／Ⅲ型 12cm×6cm

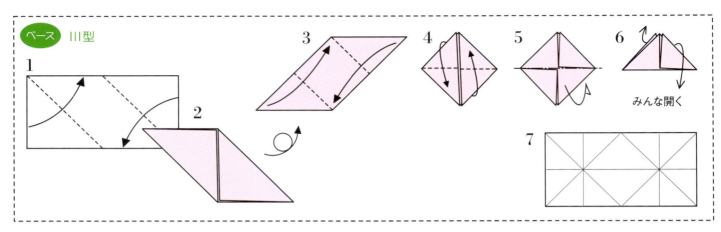

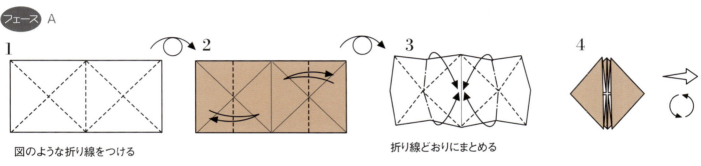

図のような折り線をつける　　折り線どおりにまとめる

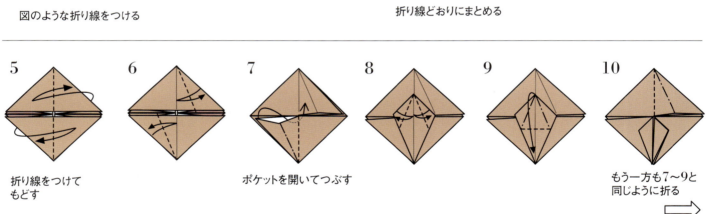

折り線をつけて
もどす　　　　　　　　　　　ポケットを開いてつぶす　　　　　　　　　　　　　　　もう一方も7〜9と
同じように折る

● 「ベースⅢ型」と「フェース」を組み合わせる

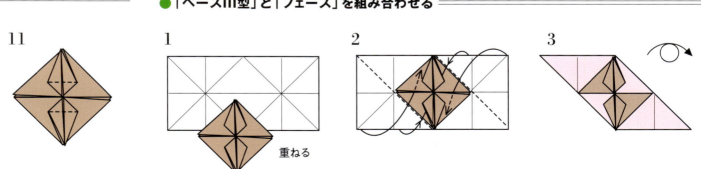

重ねる

4 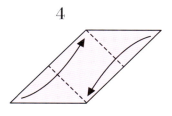 5 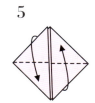 6 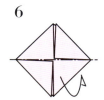 7 8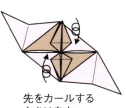

先をカールする
向きは自由

[組み方]

1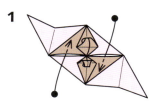

フェースのポケットに差し込む

2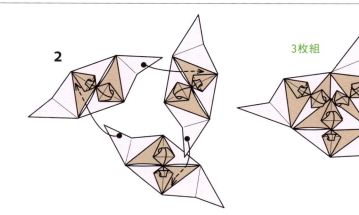

3枚組

12枚組（53ページ）、
30枚組（54ページ）、
などができます。

30枚組

63

カール・2／III型

フェース Bと無地

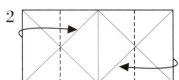
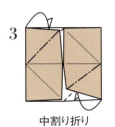
中割り折り
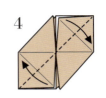
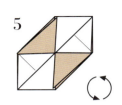

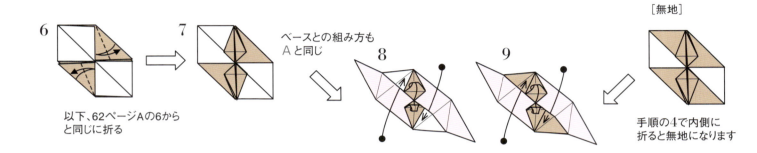

6 以下、62ページAの6からと同じに折る

7 ベースとの組み方もAと同じ

[無地]
手順の4で内側に折ると無地になります

30枚組

中リボン／川型 12cm×6cm

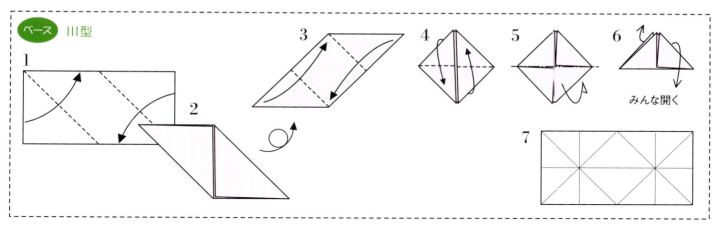

ベース 川型

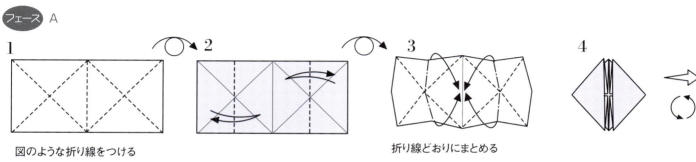

フェース A

1. 図のような折り線をつける
3. 折り線どおりにまとめる

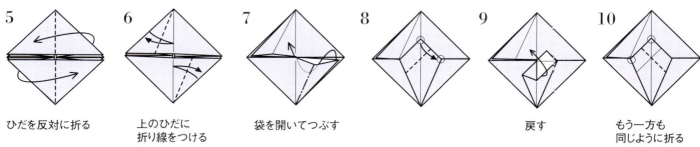

5. ひだを反対に折る
6. 上のひだに折り線をつける
7. 袋を開いてつぶす
9. 戻す
10. もう一方も同じように折る

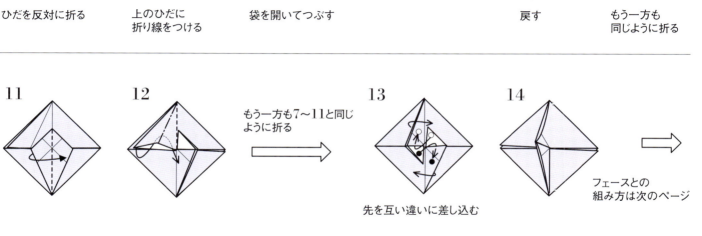

もう一方も7〜11と同じように折る

13. 先を互い違いに差し込む

フェースとの組み方は次のページ

中リボン／III 型

● 「ベースIII型」と「フェース」を組み合わせる

1.
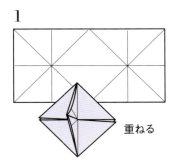
重ねる

2.
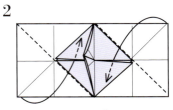
フェースの一方を
くるんで折る

3, 4.
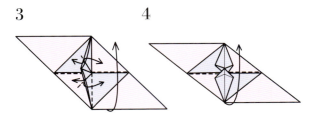
小さいポケットを開きながら
半分に折る

5.
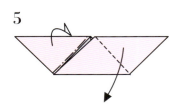

6.
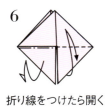
折り線をつけたら開く

7.
フェースのポケットに差し込む

[組み方]

1.
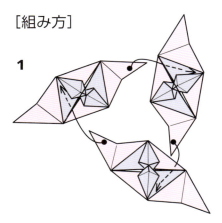

2. 3枚組
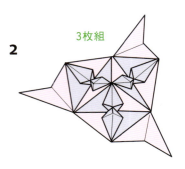

12枚組（53ページ）、
30枚組（54ページ）、
などができます。

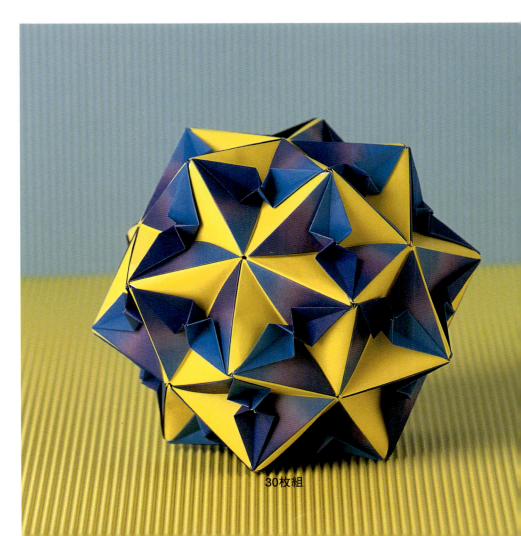

30枚組

 フェース Bと無地

1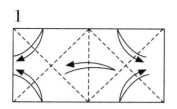

2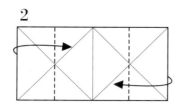

3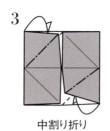
中割り折り

4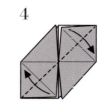

5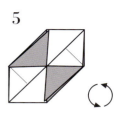

6 7
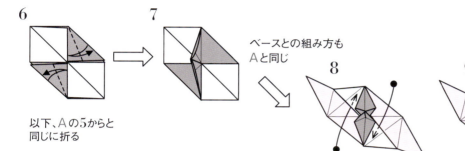
以下、Aの5からと同じに折る

ベースとの組み方もAと同じ

8 9

[無地]
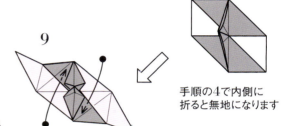
手順の4で内側に折ると無地になります

30枚組

カーブ／川型 12cm×6cm

曲線が特徴のユニットです。その部分に折り線をつけないように注意してください。

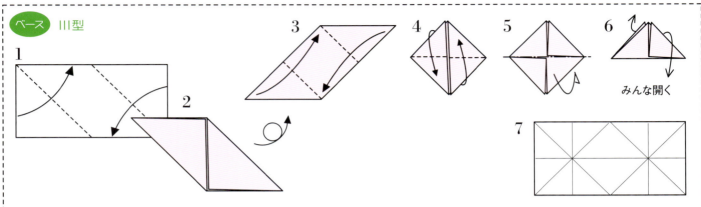

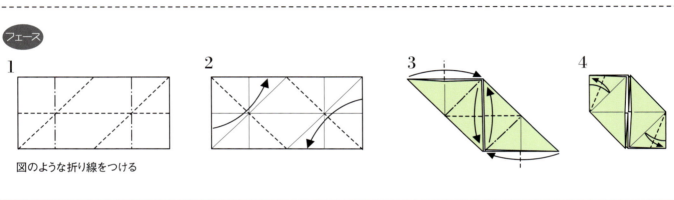

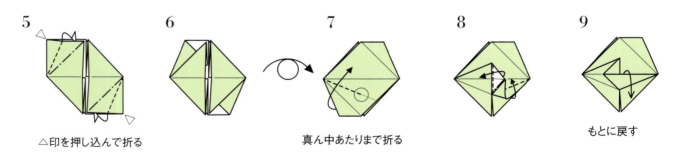

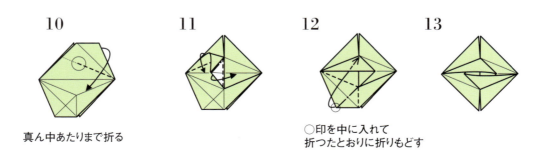

● 「ベースIII型」と「フェース」を組み合わせる

1
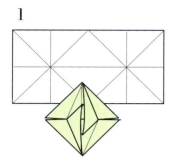

2
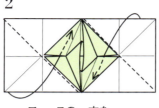
フェースの一方を
くるんで折る

3
カーブの部分に折り線をつけない
ように中を開いて折る

4
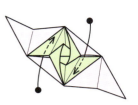
フェースのポケットに差しこむ

[組み方]

1
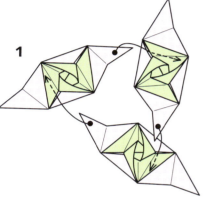

2　3枚組
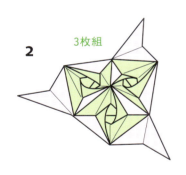

12枚組（53ページ）、
30枚組（54ページ）、
などができます。

30枚組

バタフライ／Ⅲ型 12cm×6cm

バタフライは、他の組み方もできますが、30枚組が適しています。ベースはⅢ型。
はずれやすいときは、のりづけしてください。

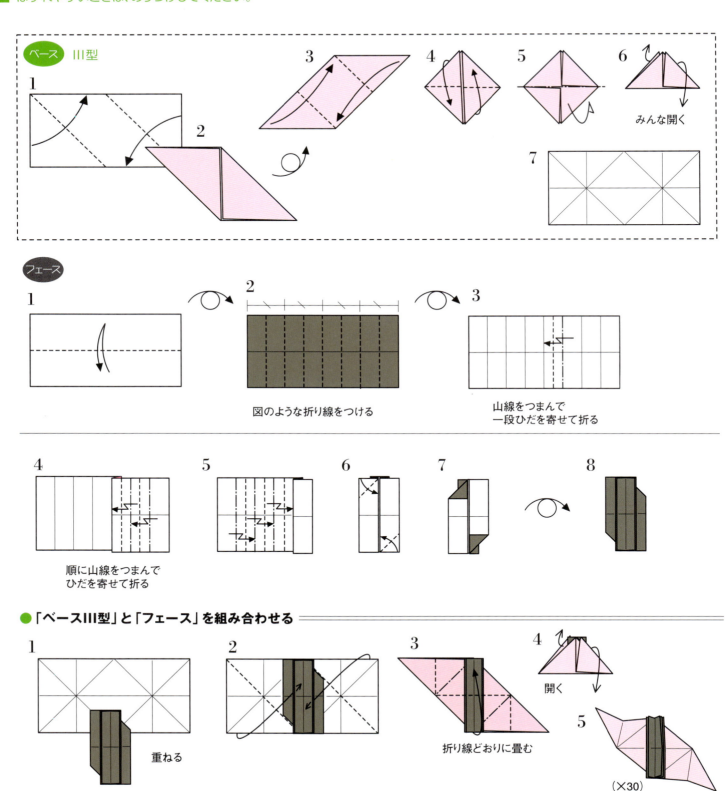

［組み方］

1

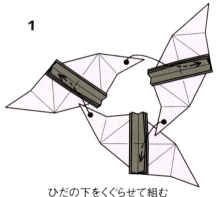

ひだの下をくぐらせて組む
ひだは自然に開く

2 **3枚組**

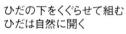

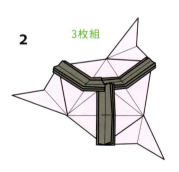

30枚組

30枚組の組み方は54ページ

71

5 ベースⅡ型、Ⅲ型ユニット

この章に集めたユニットは、ベースがⅡ型でもⅢ型でも組むことができます。多様なユニット花まりの世界をお楽しみください。

うきポケット三角／Ⅱ型／78ページ

うきポケット三角／Ⅲ型／82ページ

流れ四角／Ⅲ型／76ページ

流れ四角／Ⅱ型／74ページ

うきポケット三角／Ⅲ型10枚組／82ページ

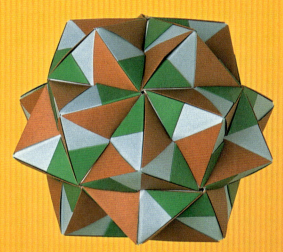

うきポケット三角／Ⅱ型
フェースの模様変わり1／80ページ

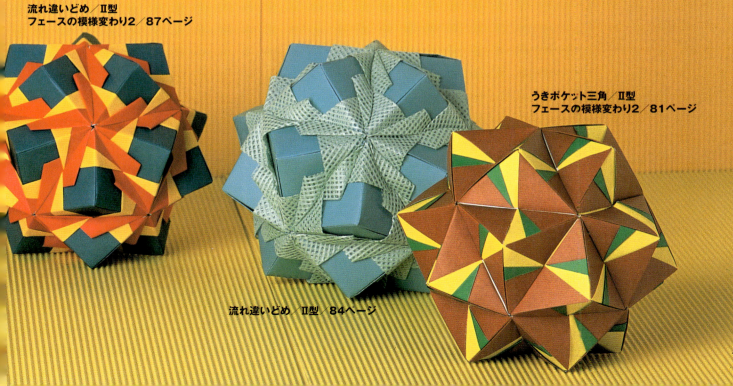

流れ違いどめ／Ⅱ型
フェースの模様変わり2／87ページ

うきポケット三角／Ⅱ型
フェースの模様変わり2／81ページ

流れ違いどめ／Ⅱ型／84ページ

流れ四角／Ⅱ型 12cm×6cm

Ⅱ型とⅢ型両方のベースで組むことができます。
フェースが平行四辺形の模様になるので、「流れ四角」と名前をつけました。

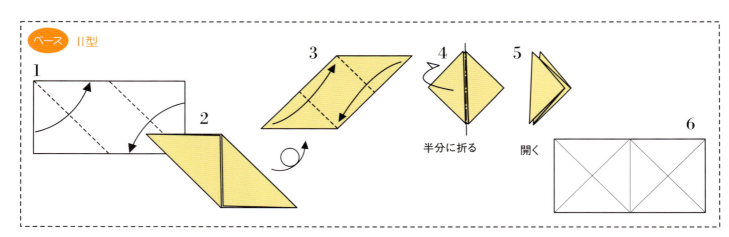

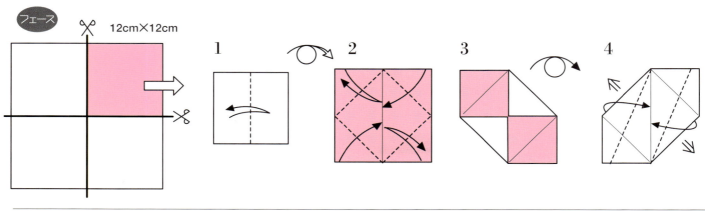

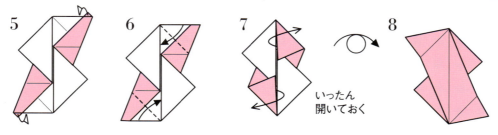

● 「ベースⅡ型」と「フェース」を組み合わせる

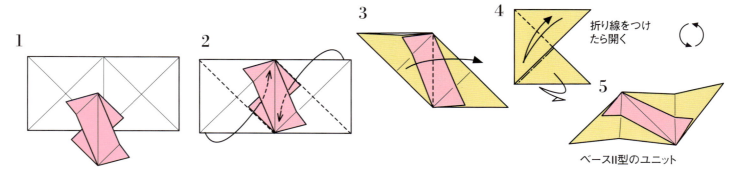

[組み方] II型

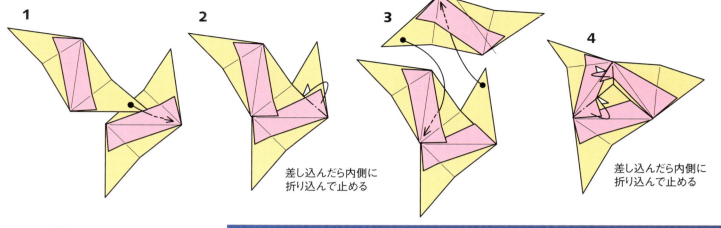

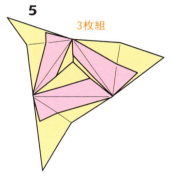

3枚組

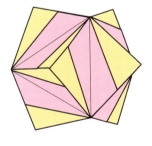

ベースII型の12枚組み

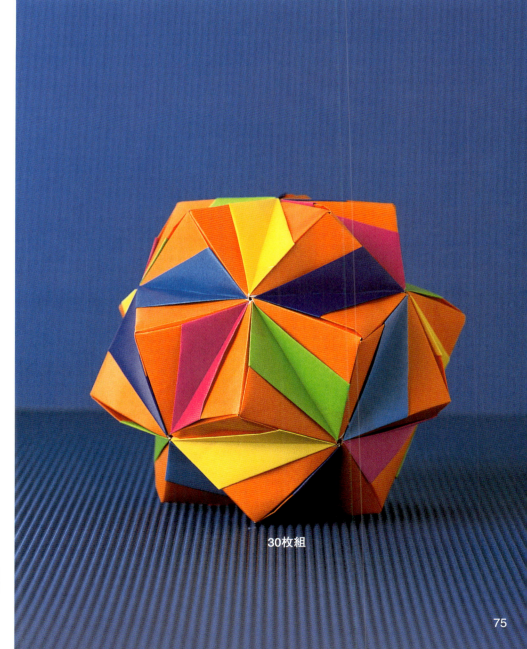

30枚組

6枚組（8ページ）、12枚組（10ページ）、30枚組（12ページ）、などができます。

75

流れ四角／III型 12cm×6cm

フェースがはII型と同じ折ち方でもいいのですが、
図のようにすると、面に無駄な折り線がでません。

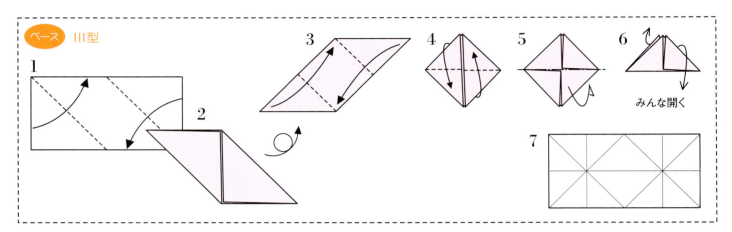

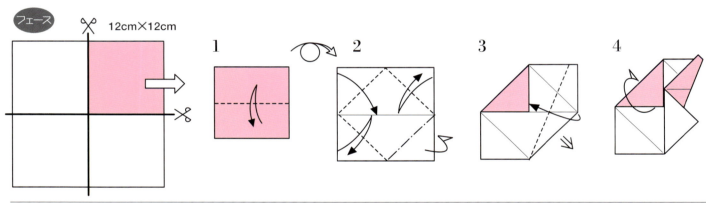

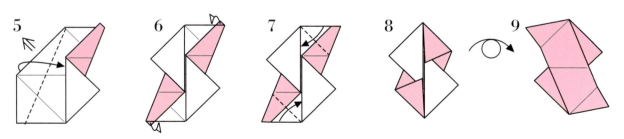

● 「ベースIII型」と「フェース」を組み合わせる

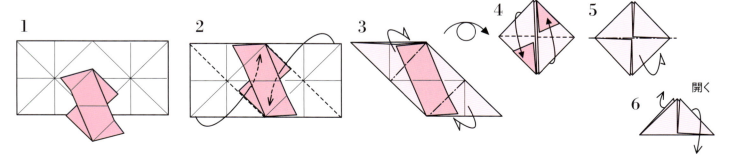

[組み方] III型

ベースIII型のユニット

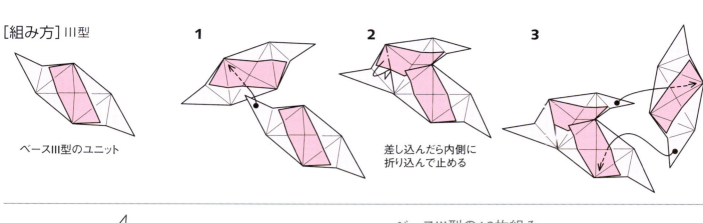

1

2 差し込んだら内側に折り込んで止める

3

4 差し込んだら内側に折り込んで止める

5 3枚組

ベースIII型の12枚組み

12枚組（53ページ）、30枚組（54ページ）、などができます。

30枚組

うきポケット三角／II型 12cm×6cm

フェースは模様変わりができます。（80ページ参照）

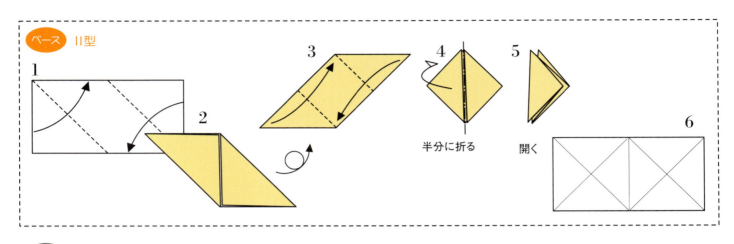

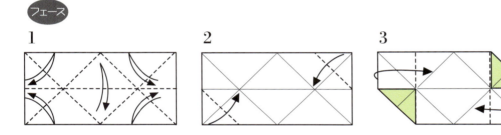

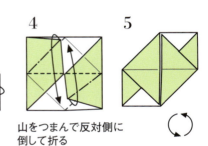

● 「ベースII型」と「フェース」を組み合わせる

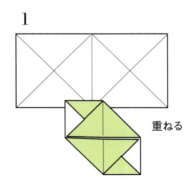

重ねる

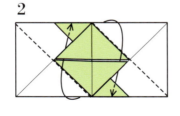

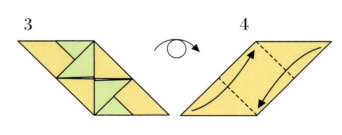

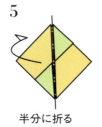

半分に折る

開く

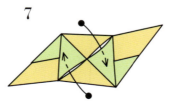

フェースのポケットに差し込む

[組み方]

1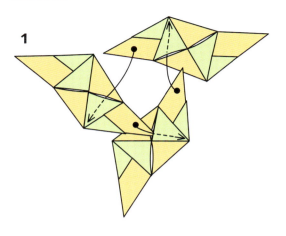

2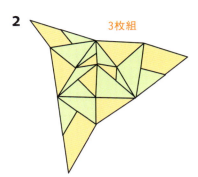
3枚組

ベースII型の12枚組み
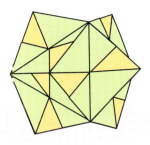

6枚組（8ページ）、12枚組（10ページ）、30枚組（12ページ）、などができます。

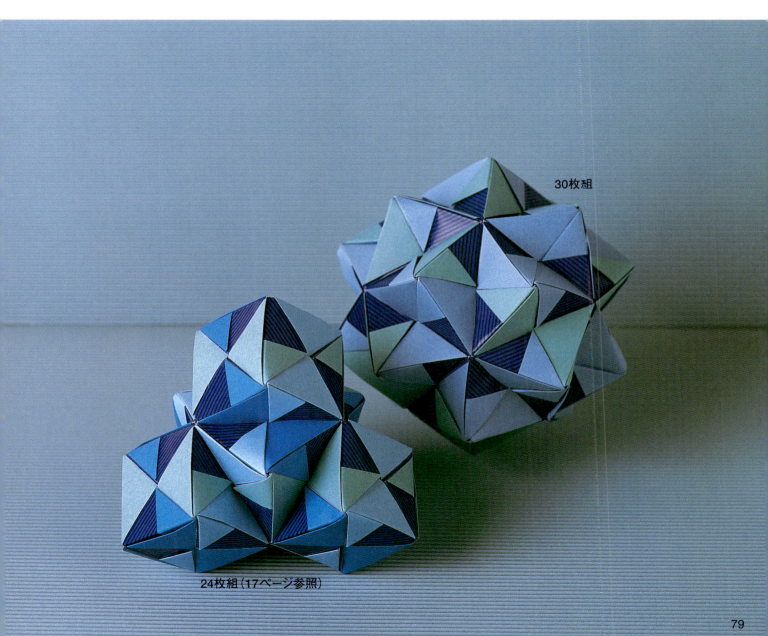

30枚組

24枚組（17ページ参照）

うきポケット三角／II 型

フェースの模様変わり1

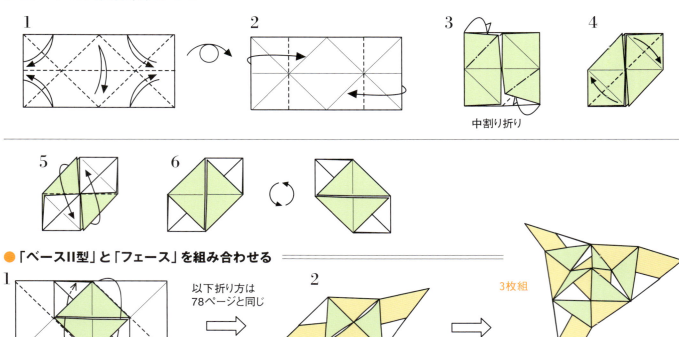

● 「ベースII型」と「フェース」を組み合わせる

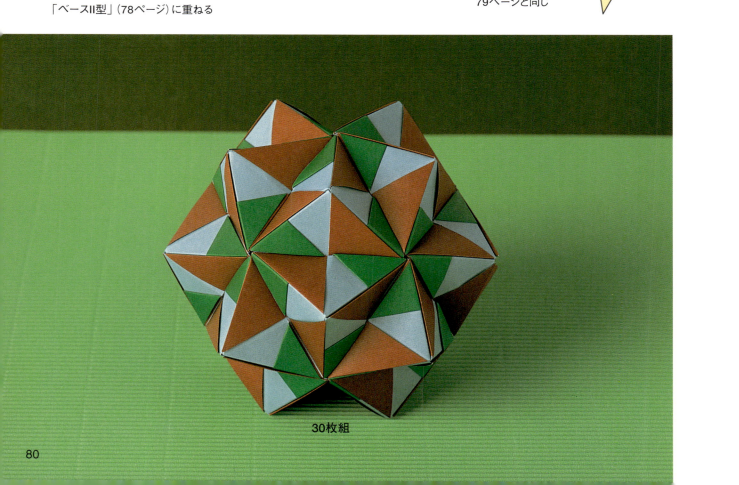

30枚組

フェースの模様変わり2

80ページ4から

1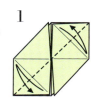
2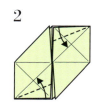
3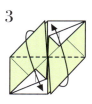
4

● 「ベースⅡ型」と「フェース」を組み合わせる

1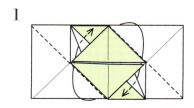

「ベースⅡ型」（78ページ）に重ねる

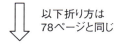

以下折り方は78ページと同じ

2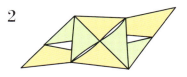

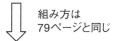

組み方は79ページと同じ

3枚組

3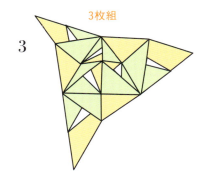

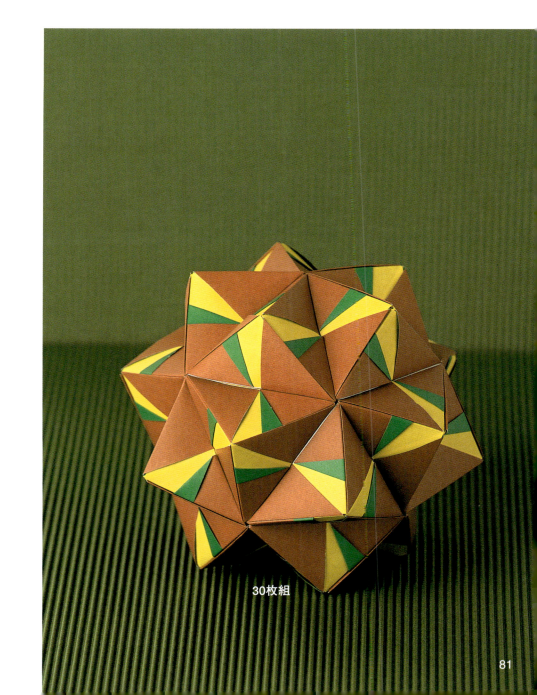

30枚組

うきポケット三角／Ⅲ型 12cm×6cm

フェースは模様変わりができます。（83ページ参照）

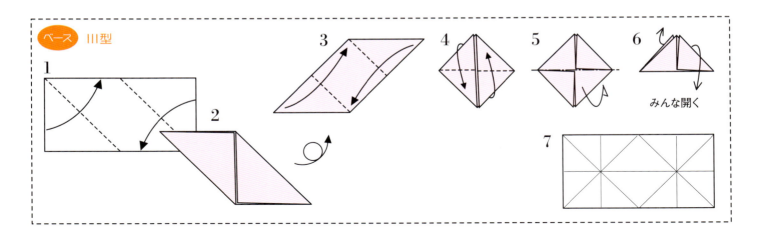

● 「ベースⅢ型」と「フェース」を組み合わせる

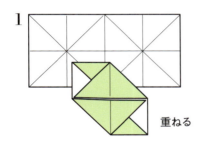

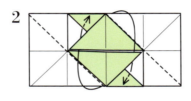

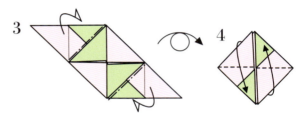

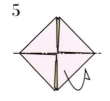

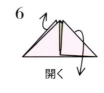

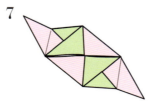

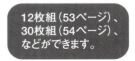

12枚組（53ページ）、30枚組（54ページ）、などができます。

[組み方]

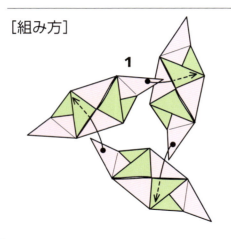

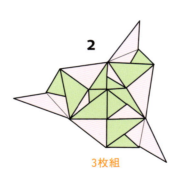

3枚組

ベースⅢ型の30枚組み

フェースの模様変わり1
（80ページ参照）

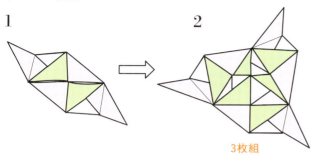

3枚組

フェースの模様変わり2
（81ページ参照）

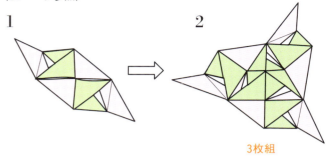

3枚組

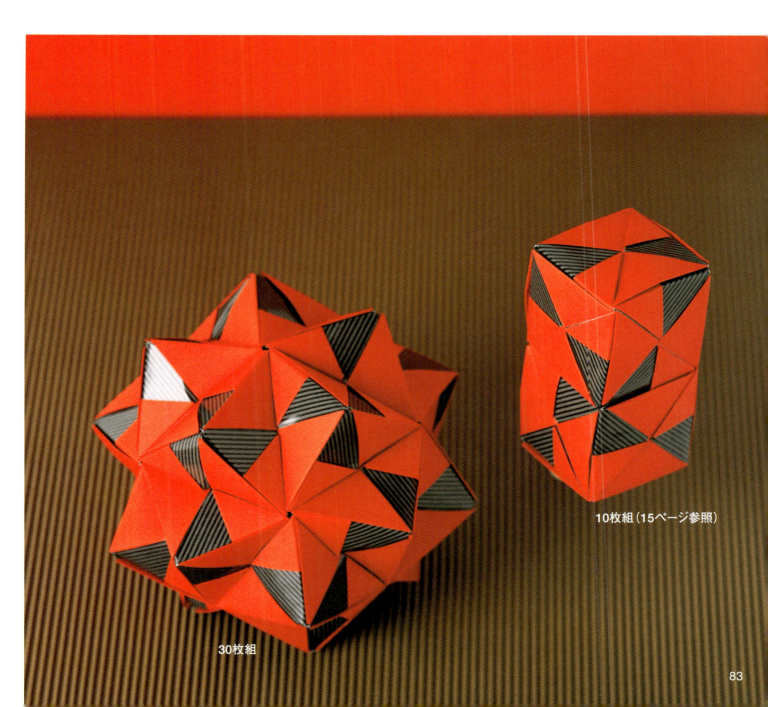

30枚組

10枚組（15ページ参照）

流れ違いどめ／II型 12cm×6cm

フェースは模様変わりができます。（86ページ参照）

ベース II型

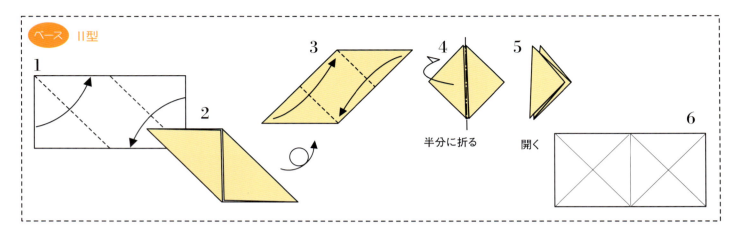

フェース

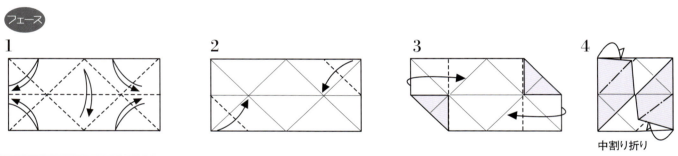

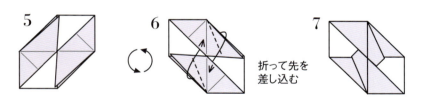

● 「ベースII型」と「フェース」を組み合わせる

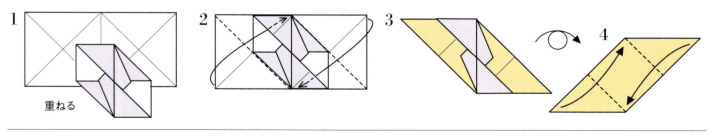

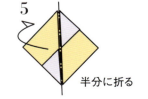

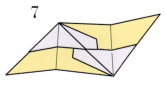

[組み方]

1

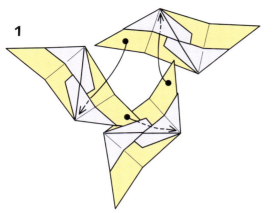

2 3枚組

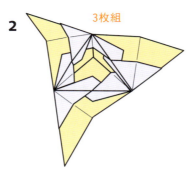

ベースⅢ型の12枚組み

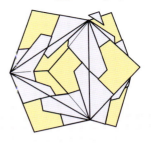

6枚組（8ページ）、12枚組（10ページ）、30枚組（12ページ）などができます。

30枚組

85

流れ違いどめ／II型

フェースの模様変わり1

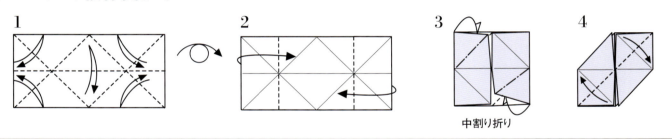

 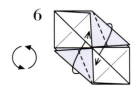 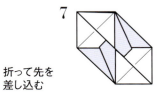

中割り折り

折って先を
差し込む

● 「ベースII型」と「フェース」を組み合わせる

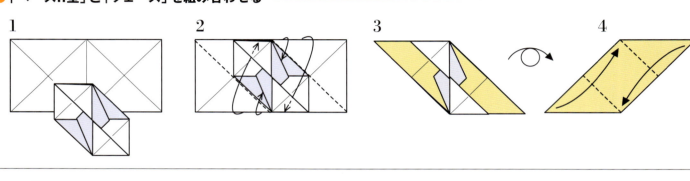

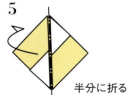 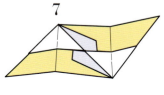

半分に折る　開く

[組み方]

ベースII型の30枚組み

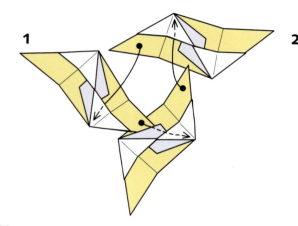 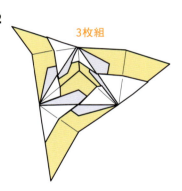 

3枚組

86

フェースの模様変わり2

1
2
3
4
5

ベースとの組み方
全体の組み方は86ページと同じ

1
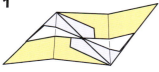

2
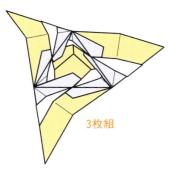

3枚組

30枚組

流れ違いどめ／Ⅲ型 12cm×6cm

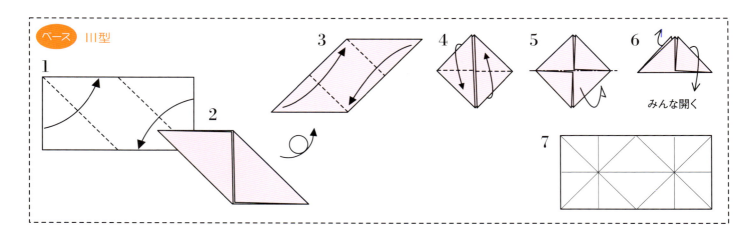

●「ベースⅢ型」と「フェース」を組み合わせる

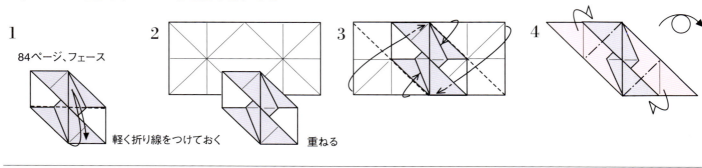

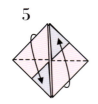
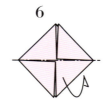

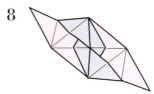

[組み方]

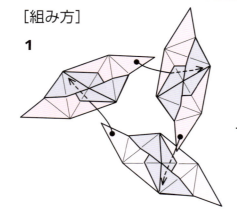

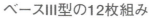
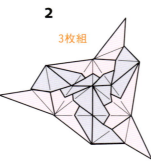

3枚組

ベースⅢ型の12枚組み

12枚組（53ページ）、30枚組（54ページ）、などができます。

6枚組
30枚組

流れ違いどめ／III 型
フェースの模様変わり1

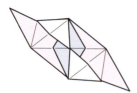

フェースの折り方は
86ページ参照

［組み方］

1

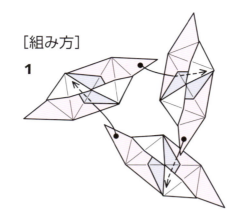

2

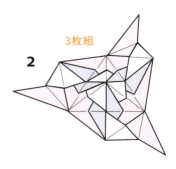

3枚組

ベースIII型の12枚組み

12枚組（53ページ）、
30枚組（54ページ）、
などができます。

フェースの模様変わり2

フェースの折り方は
87ページ参照

[組み方]

1

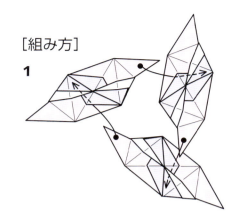

2 3枚組

ベースIII型の12枚組み

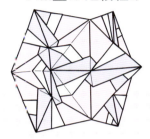

コーナーポケット／II型 12cm×6cm

ユニットのかどにポケットができて、そこに差しこんで組みます。

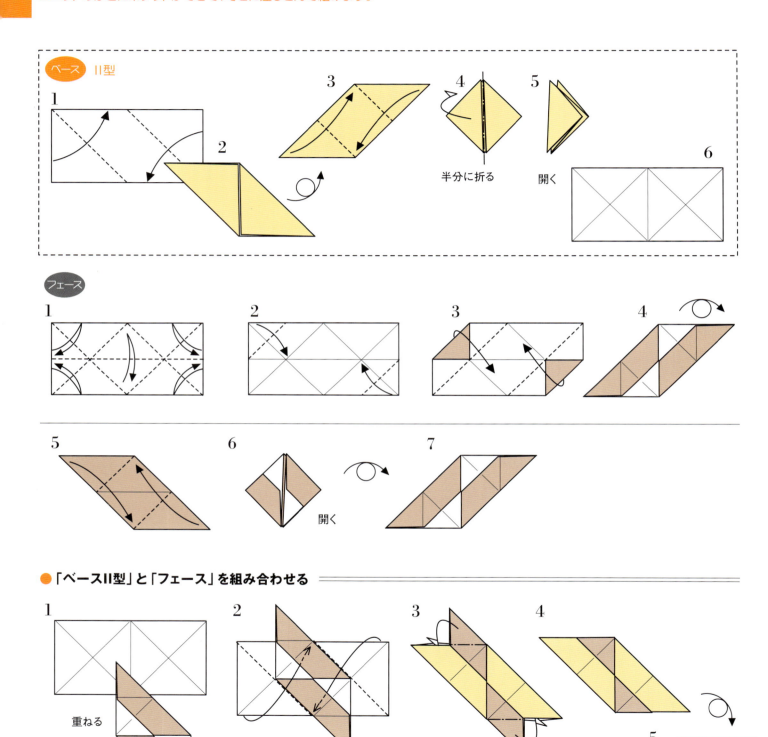

6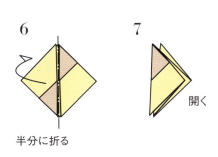
半分に折る

7 開く

8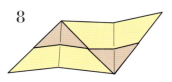

[組み方]

1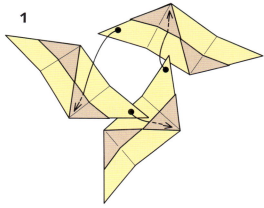

2 3枚組
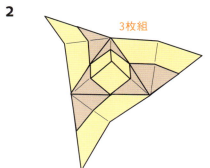

ベースII型の12枚組み
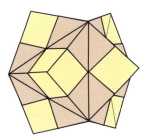

6枚組（8ページ）、12枚組（10ページ）、30枚組（12ページ）などができます。

93

コーナーポケット／II 型

フェースの模様変わり1

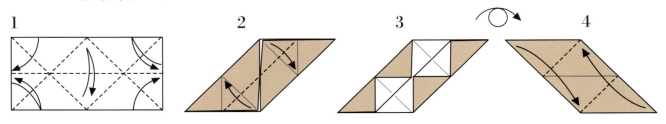

● 「ベースII型」と「フェース」を組み合わせる

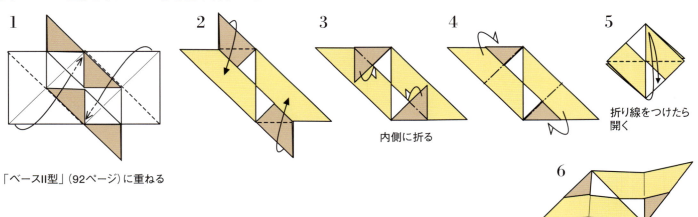

[組み方]

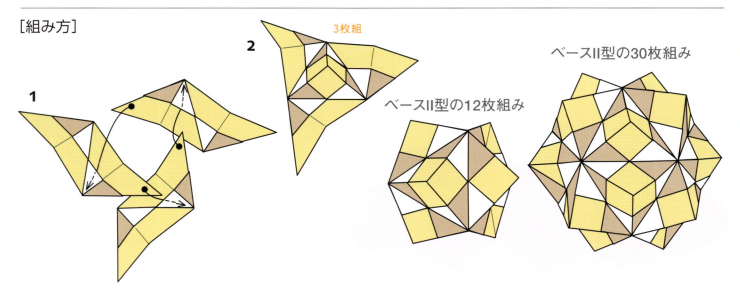

フェースの模様変わり2

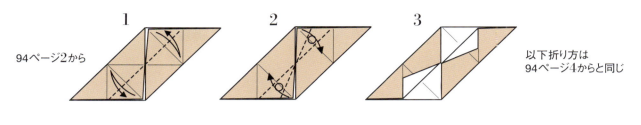

● 「ベースⅡ型」と「フェース」を組み合わせる

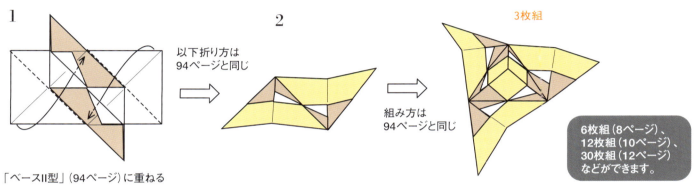

6枚組（8ページ）、
12枚組（10ページ）、
30枚組（12ページ）
などができます。

6枚組　　30枚組

コーナーポケット／Ⅲ型 12cm×6cm

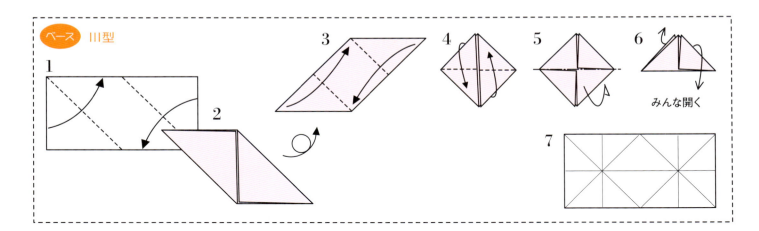

● 「ベースⅢ型」と「フェース」を組み合わせる

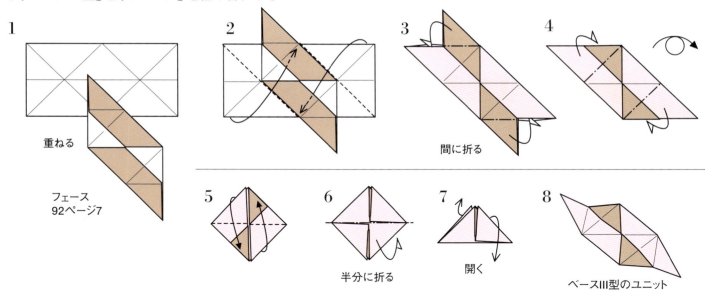

[組み方]

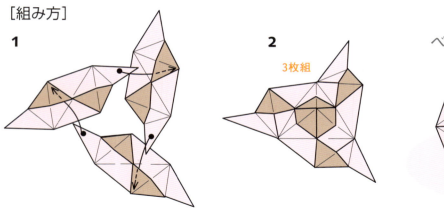

12枚組（53ページ）、30枚組（54ページ）、などができます。

30枚組

コーナーポケット／Ⅲ 型

フェースの模様変わり1：Ⅲ型
94ページ参照

1

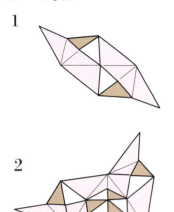

2

3枚組

ベースⅡ型の12枚組み

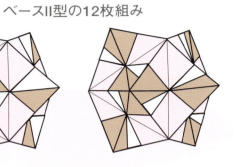

12枚組（53ページ）、
30枚組（54ページ）、などができます。

フェースの模様変わり2：Ⅲ型
95ページ参照

1

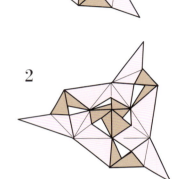

2

あなたに感謝しております
We are grateful.

手づくりの大好きなあなたが、この本をお選びくださいましてありがとうございます。
内容の方はいかがでしたか？
本書が少しでもお役に立てば、こんなうれしいことはありません。
日本ヴォーグ社では、手づくりを愛する方とのおつき合いを大切にし、
ご要望におこたえする商品、サービスの実現を常に目標としています。
小社および出版物について、何かお気づきの点やご意見がございましたら、
何なりとお申し出ください。
そういうあなたに、私共は常に感謝しております。

株式会社日本ヴォーグ社 社長　瀬戸信昭
FAX 03-3269-7874